슬픈 메트로폴리탄

현대수필가100인선 Ⅱ·23

슬픈 메트로폴리탄

서 숙 수필선

수필과비평사 · 좋은수필사

■책머리에

 수필은 누구나 부담 없이 읽고, 마음만 먹으면 직접 쓸 수도 있는 가장 친근한 문학이다. 다른 영역의 문학이 영상매체에 밀려 신음하고 있는 중에도 수필 인구만은 날로 증가하여 바야흐로 수필 전성시대를 구가하고 있는 이유도 거기에 있을 것이다.

 시대적 추세에 힘입어 수많은 수필전문지, 수필동인지가 창간되고, 이에 비례하여 신진 수필가도 날로 늘어나다 보니 이제는 그 많은 작가, 그 많은 작품 중에서 문학성 높은 작품을 가려 읽는 일이 쉽지 않게 되었다. 이런 현상은 작가에게나 독자에게나 결코 바람직한 일이 아니다. 더 나아가서는 수필을 연구하는 후세들에게도 큰 부담이 될 것이다.

 이런 문제를 해결하는 데는 출판인도 마땅히 한몫을 감당해야 한다는 평소의 소신에 따라, 본사가 기꺼이 그 역할을 맡기로 했다. 그 첫 번째 사업으로 시대를 대표할 만한 수필가 100인을 선정하고, 작가가 자선한 40편 내외의 작품을 수록한 문고본을 발간하여 이를 널리 보급함으로써 그 소임을 다하고자 한다.

 본사는 사명감을 가지고 이 사업을 추진해 나가기로 했다. 작가 선정을 전담할 편집위원회를 구성하고 전권을 위임하여 일체의 사적인 정실이나 청탁을 배제함으로써 전문성과 공정성을 확보해 나갈 것이다.

 따라서 이 기획물 속에는 작가의 문학정신뿐만 아니라, 본사의 문학사적 기여 의지와 편집위원 제위의 수필문학에 대한 애정과 문인으로서의 양심이 함께 담겨 있음을 자부한다. 다만, 작가를 선정하는 기준에는 많은 견해의 차이가 있을 수 있고, 선정 과정에서도 미처 챙기지 못한 부분이 있을 것이라는 사실만은 인정하지 않을 수 없다. 이 점에 대해서는 관계자 여러분의 양해 있으시기 바란다.

이 시리즈의 발간 순서는 작가, 또는 본사의 사정에 의한 것일 뿐 그 밖의 어떤 기준도 적용하지 않았음을 밝힌다.

본 기획물이 시대를 초월한 많은 수필 애호가들의 관심과 애정 속에 우리나라 수필문학 발전에 한 이정표가 되기를 바랄 뿐이다.

본사에서는 이상과 같은 취지로 『현대수필가 100인선』 전 100권을 완간하여 큰 반향을 불러일으킨 바 있다.

그러나 우리 수필문단의 규모나 수필문학의 수준에 비추어 선정 작가를 100인으로 한정하는 것은 형평성이나 효율성 면에서 크게 부족하다는 의견이 많았고, 본사 또한 이를 통감하던 터라 기꺼이 『현대수필가 100인선 Ⅱ』를 발간하기로 했다.

본사의 충정에 찬동하여 출판에 응해주신 저자 여러분에게 감사한다.

2015년 9월

수필과비평·좋은수필 발행인 서정환
현대수필가 100인선 간행 편집위원 박재식 최병호
정진권 강호형
오세윤

| **차례** | 현대수필가100인선Ⅱ · 23

1_부

도화산촌 · 12
화수목 금花水木 今 · 22
고모姑母는 섬처럼 · 26
색깔 입히기 · 31
비계, 마중물, 바닥짐 考 · 35
삶의 이해를 위한 추측 · 41
헐거시대, 로드맵, 아고라 · 45
괜찮아 · 53
하얀 소묘 · 57

2_부

물수제비뜨는 소년 • 64
푸른 방 • 68
환상이 필요해 • 74
슬픈 메트로폴리탄 • 80
늑대와 함께 철학을 • 86
님은 먼 곳에 • 96
사다리 오르기 • 102
쇼핑생활백서 • 107
내 아버지의 작명법 • 113

3_부

그대, 내 사랑에 감읍하지이다 • 120
저 푸른 들에 나의 아름다운 황금소를 누이노라 • 124
일부러 길을 잃다 • 129
그는 비우고, 그녀는 채우고 • 135
이 밝음 • 140
나도 모르게 두리번거렸다 • 145
자기연민을 떨치려면 • 152
빈 방에 창문 하나 • 163
시를 써보고 싶었다 • 167

4_부

| 신록의 노래 • 172
| 폭포, 번지점프를 하다 • 176
| 그래서, 너를 본다 • 182
| 그가 명작을 못 쓰는 이유 • 186
| 흰 명주천에 대한 기억 • 192
| 귀여운 여인 • 200
| 임진년, 신립을 애도함 • 206
| 네거티브 인생독법人生讀法 • 213

◼ 작가연보 • 218

1부

도화산촌
화수목 金花水木 今
고모姑母는 섬처럼
색깔 입히기
비계, 마중물, 바닥짐 考
삶의 이해를 위한 추측
헐거시대, 로드맵, 아고라
괜찮아
하얀 소묘

도화산촌

1

첩첩산골이다.

뒤로는 소나무 듬성듬성한 기암절벽, 앞으로는 여유롭게 휘돌아 흐르는 강줄기, 그 가운데 작은 마을이 포근히 안겨있다. 복숭아나무들에 둘러싸인 마을 앞자락엔 길게 짧게 고랑 진 밭이 옆으로 모로 어깨를 부비며 기지개를 켠다. 나는 지금 소정小亭 변관식의 〈도화산촌桃花山村〉을 보고 있다. 때는 바야흐로 봄, 무채색의 수묵화 속에서도 복숭아나무 구부러진 잔가지에 연분홍 꽃잎이 하늘하늘 내려앉는다.

그림 상단 왼쪽에 이백의 〈산중문답〉이 달필로 씌어있다.

問余何事棲碧山　어찌하여 청산에 사느냐고 하기에

笑而不答心自閒	웃으며 대답하지 않으니 마음 절로 편안하다
桃花流水杳然去	시냇물에 복사꽃 동동 아득히 흘러가니
別有天地非人間	속세를 벗어나 별천지라네

그런데 '별유천지비인간'을 말하면서 소정은 그림 속에 마을을 그려 넣었다. 왜 그랬을까? 집이 하나, 둘, 셋, 넷, 다섯, 여섯, 모두 여섯 채다. 집은 또 왜 하필 여섯 가구일까? 가만히 들여다보노라니 알아지는 게 있다. 그래, 풍진의 바깥세상에 담 쌓고 이 산골에 숨은 듯 들어앉아 어우렁더우렁 한 세월 보내려면 여섯 집 정도는 서로 이웃하여 살아야 할 것이다. 그러면 나는 어느 집에 살까. 사랑채, 안채 갖춘 기와집보다는 아무래도 그리 크지 않은 저 삼간 초가집이 좋겠다.

이쯤에서 생각나는 인물이 19세기의 소로다. 그는 2년을 월든 숲속에 홀로 은거하였다. 그러나 그는 《월든》을 통해 그토록 찬양해 마지않았던 숲속의 생활을 단 2년 만에 접고 도시로 가버렸다. 그리곤 다시는 숲속 생활로 돌아가지 않았다. 그렇게 좋다고 하면서 왜 오래 못 버티고 그곳을 떠나야만 했을까. 만약 혼자 살지 않고 여섯 채 정도가 이웃하여 살았더라면 오래도록 그곳에 머물 수 있었을까. 나는 그런 그에게 9세기를 살았던 최치원의 말을 들려주고 싶다.

僧乎莫道淸山好	저 스님아 산이 좋다 하지마오
山好何事更出山	좋다면서 왜 다시 산을 나오나
試看他日吾踪跡	뒷날에 내 발자취 두고 보시오
一入靑山更不還	한 번 들면 다시는 돌아오지 않으리

  천년을 앞서 살았던 최치원이 천년 후의 소로를 가르친다. 뭔가를 좋다고 말하려면 그만큼의 철저성이 있지 않으면 곤란하다. 자연은 최치원에게는 필요충분조건을 갖춘 대상이었겠으나, 소로에게는 그렇지 못했던 것 같다. 물론 아름다운 자연은 우리를 위로한다. 온갖 인위적인 것이 제거된 소박한 자연의 상태에서 맞이하는 잠시의 고독과 적요 속에 우리의 마음과 정신은 맑게 정화된다. 그러나 결국 인간은 인간으로부터 비로소 진정한 위안을 얻는다. 하다못해 절대고독 속에서 도를 닦는 선승들에게조차도 도반이 필요하지 않던가.

  하긴 고립을 자초하여 사는 게 편안한 사람들도 간혹 있긴 한가보다. 길을 가노라면 산자수명山紫水明한 경치 속에 외딴집 한 채가 그림같이 들어앉아있는 정경이 드물지 않다. 지나는 길손에겐 더러 쓸쓸한 소회가 여로에서의 운치를 선사하기도 하지만, 주변에 인적이 없어 나는 괜히 걱정이다. 밤중에 깜깜할 때 무섭지 않을까, 불시에 사고라도 생기면 인가가 멀어서 어쩌지, 그러면서 생각한다. 저 집에 사는 사람은 복잡한 인간세상이 지긋지긋하게 싫은가 보다.

道不遠人人遠道 山非離俗俗離山

도가 사람에게서 멀어지는 것이 아니라 사람이 도를 멀리하는 것이며, 산이 속을 떠나는 것이 아니라 속이 산을 떠나는 것이다.

임제林悌의 시에서처럼 무위無爲의 스스로 그러한 자연과 유위有爲를 향해 치달리는 인간 사이에는 정복자와 피정복자의 관계와 같은 긴장이 흐른다. 소정은 아마 그 긴장관계를 해소하고 나아가 산과 속을 아우르는 이상적 상태를 맞이하고 싶었는지 모르겠다. 최치원의 경지는 어렵고 소로의 홀로서기는 실패한 셈이니, 소정의 〈도화산촌〉쯤이 우리들 마음의 길잡이가 되어줄 수 있을 것이다. 산에도 안기고 세속도 품고.

〈도화산촌〉은 내게 심산과 속세, 자연과 인간이 함께 어우러져 조화를 이루는 참다운 이상향의 모습을 보여준다.

2

〈도화산촌〉은 곧 소정이 자기 식으로 표현한 무릉도원이다. 무릉도원이 이상향인 이유는 그곳이 지복을 누리는 곳이어서가 아니라 인간 조건을 뛰어넘는 절제의 차원 높은 도덕률이 존재하기 때문이다. 이상적 원시공산사회로 묘사되는 이곳에서 사람들은 경작할 여유가 있어도 잉여생산물을 만들지 않는다. 남아도는 재물은 축적이 필요하고 여분의 저축은 소유욕을 부추긴다. 그러므로 욕심으로 인한 개인적 이기주의를 원천 차단하는 장치가 필요하다. 소비할 만큼만 생산하는 안분자족安分自足의 자세에서 정신적인 여유가 생겨나는 곳, 그리하여 마음의 평화가 찾아드는 곳, 그곳이 바로 동양적 이상향, 무릉도원이다.

경작의 여유를 포기한다는 것은 이즈음에는 가능한 일도 아니다. 더 높이 더 멀리 더 강하게 더 빠르게 더 많이 더 크게… 지금은 그러한 역동성의 시대다. 그렇지만 그럴수록 오히려 욕심을 제어하려는 자세는 대단한 의미를 가진다. 경쟁과 변화와 발전을 지향할수록 사람들은 그 반대의 가치, 평화와 느림과 회고의 정서를 그리워하기 마련이다. 경쟁과 평화는 인간이 추구하는 상반된 가치여서 공존은 어렵거늘 서점에는 남보다 앞서가는 방법을 제시하는 책들 옆에, 많은 것을 쟁취하고 소유하는 것이 행복해지는 길인 것만은 아니라고 타이르는 책이 자리를 나란히 한다. 어쨌든 소유(to have)가 아닌 존재(to be)의 마음자세를 배우는 노력을 기울이는 것은 힘든 만큼 가치 있는 것이니, 실천의 염은 못 품더라도 그에 대해 생각만이라도 가져보는 것은 대견하다고 할 만하지 않겠는가.

〈도화산촌〉은 내게 마음을 비우는 것이 마음의 이상향을 지니는 법이라고 나직이 들려준다.

3

사실 〈도화산촌〉에서의 옹기종기 작은 마을풍경은 산 첩첩 물 첩첩 시골길 나서면 어디에서나 심심치 않게 만날 수 있다. 그런 경치를 대하면 마음에 아늑한 평화가 깃든다. 그렇다고 이곳에 사는 사람들이 부럽다, 이 사람들과 내 처지를 맞바꾸고 싶다, 모든 것 훌훌 털고 이곳에 와서 살고 싶다, 그런 간절한 마음은 들지 않는다. 소로도 월든 연못가에서 제대로 충분히 행복하지 못하였기에 도시로 돌아갔을 것이다.

그렇건만 사람들에게, 특히 도시사람들에게 왜 《월든》은 끊임없이 회자되고 나는 소정의 〈도화산촌〉에 마음을 빼앗기는가. 그러니까 그 책과 그림이 우리에게 감명을 주는 이유는 우리가 실제의 그런 생활을 동경해서가 아니라 그런 마음의 풍경을 동경하는 때문일 것이다.

그럼 마음속의 경치는 왜 현실의 경치와 괴리를 보이는 것일까. 정작 우리가 보고자 하는 것은 현실이나 사실이 아니고 환상과 꿈이다. 그래서 사람들은 이 세상에 있지 않은 것이나 쉽게 가질 수 없는 것을 동경한다. 그러니까 저 그림은 내 마음의 풍경일 뿐, 내 눈 앞에 실현하고 싶은 대상은 아니다. 그러기에 조선 중기에 정선鄭敾이 애써 구축한 진경산수의 세계는 그 맥을 면면히 잇지 못하고 이내 중국풍의 허풍스런 산수화로 되돌아갔다. 또한 현대의 극사실주의 그림들 앞에서 오히려 사람들은 비현실적이 되어 쩔쩔맨다. 오종종한 현실 그 자체를 일깨우는 것은 진실에 대한 각성제 역할을 하는바, 사람들을 곧잘 위축시킨다. 반면에 있을 법 하지 않은 풍경과 일어날 것 같지 않은 사연에 심취하게 되면 시시하거나 자질구레한 현실로부터 잠시나마 놓여나는 최면의 효과를 누릴 수 있다. 그래서 우연의 남발과 작위적인 설정이 판치는 파란만장의 드라마에 사람들은 눈물을 줄줄 흘리며 감동하며 카타르시스를 즐긴다.

현실은 현실대로 소중한 내 삶의 자취이고 꿈은 꿈대로 귀한 내 마음의 행로이니, 〈도화산촌〉은 내게 현실 속에서 꿈을 잃지 않는 것이 나의 진실이라는 것을 일깨운다.

4

이런 내 마음의 풍경을 〈도화산촌〉에 의탁하다보면 집이 여섯 채라는 것은 매우 의미심장하다. 서로 사랑하고 기대고 가까이 살면서도 한집에 모여 살지는 않는다. 그래서 여섯 가구는 가깝게 있되 다른 집과의 거리를 확보한다. 각자의 사생활을 지켜, 일상의 자질구레함 속에 그리움을 잠식당하게 하지 않도록 하는 인간관계에 있어서의 운용의 묘가 보인다. 외로움은 거두고 그리움은 지니고.

타인과의 관계를 오래 지속하려면 서로에게서 너무 많은 것을 착취하려들지 않는 마음자세가 필요하다. 거리를 둔다는 것은 상대를 이해하는 폭이 좁다는 의미는 아니다. 오히려 상대를 한 독립된 객체로서 충분히 존중해 주는 배려의 차원이 된다. 있는 그대로의 상대를 오롯이 인정하고 바라봐주고 놓아두는 것이야말로 상대를 가장 깊이 아끼는 일이 될 것이다.

경작의 여유를 접는 것이 무릉도원의 본모습인 것처럼 상대에 대한 소유욕을 살짝만 접으면 고즈넉한 마음의 평화가 찾아온다. 이때 비로소 찾아드는 상호일체감 속에 진실로 인간다운 격조 높은 사랑과 우정이 가능할 것이다. 그러면 우리는 상대의 기색을 살피지 않고도 그의 속내를 저절로 알게 된다. 경치도 멀리 떨어져서 바라보아야 전체를 조망할 수 있으니.

어느 음악가 남편과 소설가 아내의 부부가 있는데, 그 남편에게 한 기자가 예술가 부부여서 어떤 점이 좋으냐고 물었다. 그 대답이 걸작이다.

"특별히 좋은 게 뭐 있겠어요. 굳이 있다면 각자의 일에 바빠서 서로 간섭하지 않는다는 것 정도라고나 할까요."

일견 야박하게 들리는 그 말이 그래도 일리가 있다. 사랑하되 간섭하지 않으며 우정을 나누되 각자의 삶의 방식은 존중하는 것이 바람직하다. 상대의 마음을 가질 수 없다고 지레 포기한다는 것은 안 될 일이다. 그래도 일정한 거리가 사람들의 관계를 더욱 아름답게 만들어 줄 수 있다. 그에 대하여 쇼펜하우어의 고슴도치 이야기가 마음에 파고든다.

겨울에 고슴도치들은 서로 껴안고 몸을 녹여서 추위를 피하고자 한다. 그런데 그만 그들 몸의 길고 뾰족한 가시가 서로를 찔러대는 것이다. 그래서 가까이 할 수가 없어 서로에게서 떨어진다. 그럼 다시 춥다. 그리하여 그들은 노력 끝에 얼어 죽지도 않고 가시에 찔리는 것도 막을 수 있도록 밀착의 정도를 알맞게 조절할 줄 알게 된다. 이와 마찬가지로 우리도 인간관계의 친밀도를 염두에 두면서 동시에 개인의 독립성을 유지하기 위한 간격을 생각하는 것이 필요하다. 살아가려면 인간관계가 소중하지만 우리들 각자는 오롯이 개체적 존재가 되기를 원하기 때문이다. 사람들과의 관계에 있어 얼마만큼 밀착하고 얼마만큼 거리를 두어야 하는가의 이러한 이원성이야말로 인간의 조건과 한계를 반영한다.

추위도 피하고 가시에 찔리지도 않는 거리를 유지하는 것을 나는 〈도화산촌〉에 그려진 집 여섯 채에서 본다. 행복해지려면 마음으로 섬길 이웃을 그 정도는 두어야 한다고 가르친다.
내게 필요한 마음의 이웃, 서로서로 기댈 수 있는 사람, 그들을 꼽아본다. 배고플 때 김 모락모락 나는 소찬을 성찬으로 차려줄 집, 발 시려 손 시려 할 때 두 손잡아 따끈한 아랫목으로 끌어 앉힐 집. 심심하거나 외로울 때 마음 부빌 집, 내 눈물을 진주로 모아주는 집, 내 웃음을 모란꽃으로 피워주는 집. 내게 아주 은밀하고도 흐뭇한 비밀이 하나 생겼다. 무슨 좋은 일이 있어 싱글벙글이냐고 누가 물을라치면, 웃으며 대답하지 않으니 마음 스스로 넉넉하다.

    당신에게는 배가 고파도 말이 고파도 정이 고파도 찾아갈 집은 오직 한군데뿐이라고요? 아, 진정 그런 마음의 벗이 있다면 무인도에선들 못 살겠어요.

화수목 금花水木 수

꽃요일에는 열정이 미의 화신으로 피어난다.

꽃(花)은 어디에서 왔을까. 火에서 왔을까, 아니면 化에서 왔을까. 변화하려는 염원에서 아름다움으로 현현하는 존재가 꽃이다. 짧디짧은 한생, 더도 덜도 말고 열흘만 활활 불탈 수 있기를… 꽃의 기원이 간절하다. 촌음을 아껴 지성으로 지고지선을 갈구한다. 삶은 무상할지니 단 한 번 사랑에 목숨을 걸어 절정의 행복을 누린다. 기쁘게 노래하고 즐겁게 춤추리. 찬란하게 한 순간을 피어 장엄하게 한 세계를 열고 진하게 사랑하여 회심의 미소를 날리면서 장렬하게 막을 내린다. 봄 들녘에는 열정을 태우고 남긴 재가 소복하다.

물요일에는 세월의 은비늘이 아롱아롱 흔들리며 흘러간다.

계곡을 흐르는 물은 어디에도 머물지 않아 아무 것에도 미련을 두지 않는다. 잡을 것이 없으니 놓칠 것도 없다. 억지를 부리지 않고 순리를 따르며 묵묵히 생명을 키운다. 그러므로 세찬 물결에 바위가 부대끼고 나무뿌리가 상하고 수달이 제 집터를 잃는다 해도 그것은 결코 물의 뜻은 아니다. 물은 오로지 낮은 곳으로 흐르다가 무심의 못에 이르러 마침내 고요해진다. 하늘과 구름이 조용히 내려앉는 가운데 산을 물구나무 시키는 호수의 정경 앞에서 그예 세상이 고즈넉하다.

나무요일에는 꿋꿋한 마음자리가 넉넉하게 터를 잡는다.
태양과 바람과의 상생은 영구불변이어서, 나무는 태양에게 생명을 의탁하고 바람에 흔들리면서도, 의연하여 자신을 굽히지 않는다. 소나무는 발치의 진달래를 귀여워하지만 나무들은 엄연히 거리를 지킨다. 숲 깊숙한 곳에는 신령스러운 초월의 분위기가 향훈으로 스며들어 자잘한 마음의 티끌을 스르르 사라지게 한다. 그런데 숲에 들면 조심해야 한다. 숲 밖에서와 달리 숲 속에서는 숲이 보이지 않아 자칫 방향을 잃는다. 인간 세상을 통지라는 정령들의 유혹 때문이다. 나무는 숲 속에서 숲을 응시한다.

꽃과 물과 나무.
꽃은 아름다움과 열정의, 물은 생명과 거울의, 그리고 나무는 푸른 의지의 표상이다. 꽃은 생을 아쉬움 없이 소진시키라고, 물은 낮은 자세로 삶을 수긍하라고, 나무는 흔들림 없이 자리를 지키라고 한다. 이들을 벤다이어그램으로 옮겨본다. 위 동그라미는 붉은색의 꽃, 오른쪽 동그라미는 황색의 나무, 왼쪽 동그라미는 푸른색의 물이다. 세 개의 원이 서로 사이좋게 겹치며 세 가지 중간색을 만들어낸다. 겹치는 의미는 때로 엇갈리지만 대체로 조화롭다. 그리고 가운데 세 동그라미가 합치는 부분은 구극究極의 빛깔인 검은 색이다. 거기에 '지금, 여기'라고 적어 넣는다.

'지금, 여기'에서 사랑하고 '지금, 여기'에서 행복할 것, 우리의 지상과제다.

살아 숨 쉬는 이 순간 외에 우리가 기댈 것이 무엇이 더 있는가. 과거는 흘러갔고 미래는 알 수가 없다. 시간은 기다려주지 않고 공간은 되돌릴 수 없다. 경험의 집적이라는 날줄에 꿈과 기대를 씨줄로 직조하는 인생의 베틀 위에 우리는 올라앉아 있다. 미망이나 회한에 사로잡히지 않고 허황한 신기루에 현혹당하지 않으며, 오로지 나날에 충실한 문양을 짜도록 해야 한다. 그리하여 영원을 기약하는 진실이 채색무늬로 나타나서 현재를 살아 미래를 연다. 황금의 무게가 오늘에 걸린다.

花 水 木의 지향하는 바를 꿈꾼다. 오늘은 꽃의 날, 변신의

기쁨을 누리리라. 오늘은 물의 날, 관조와 성찰이 나를 깊게 하리라. 오늘은 나무의 날, 고고한 탈속을 권유받는다. 그리고 지금. 불붙는 꽃처럼, 유유한 물처럼, 꼿꼿한 나무처럼, 그리고 순간순간을 헛되이 보내지 않고. 아! 아무리해도 그렇게 살 수 없다면 애석타, 어이하리. 눈물만 뚝뚝 흘릴 뿐이다. 흐르는 계곡물에 제 모습을 아련하게 뒤척이는 산철쭉이 벼랑에서 곱다. 그가 물끄러미 개울물을 불리는 눈물의 의미를 새긴다.

  꽃아, 너는 눈물 없이 지거라.

고모姑母는 섬처럼

　나는 바닷가 마을에서 태어났습니다. 그곳 동해바다, 망망 대해를 바라보며 휘어진 수평선 너머에 있을 푸른 섬을 늘 꿈꾸었습니다. 아득한 저 멀리 어느 곳엔가 도도하게 홀로 서 있을 나만의 섬, 그곳에 가고 싶었습니다.
　섬을 휘감아 도는 너른 바다는 그저 짙푸를 뿐, 그날따라 파도도 따가운 태양 아래 숨을 죽이고, 수면은 잔잔히 일렁이며 은빛 비늘을 반짝일 것입니다. 그 섬에는 초록으로 빛나는 능선이 있을 것입니다. 너른 풀밭은 온통 달구어진 공기 속에 어른거리는 햇빛을 전신으로 받아들입니다. 섬의 구릉 꼭대기에 올라 가녀린 풀잎들을 나란히 누이며 가만히 나의 머리도 눕혀 파란 하늘 흰 구름을 올려다보겠습니다. 눈이 부시겠지요. 그러면 양산을 펼쳐들 것입니다. 때문에 섬으로 가기 전

꽃무늬 화사한 양산을 반드시 장만해야겠다고 마음먹었습니다. 내게는 과분한 사치인 줄 잘 알고 있습니다만.

부모님은 열 남매의 막내인 나를 부양할 능력이 없었습니다. 그래서 나는 고등학교 진학을 위해 별수 없이 서울의 오빠네로 왔습니다. 그다지 떳떳하지 못한 처지를 감내하는 것은 생각보다 꽤 힘이 들었습니다. 그리고 서울에는 바다가 없습니다. 그래서 외로웠습니다. 처음에는 바다가 없으니 섬을 꿈꾸는 일도 못했습니다. 더욱 외로웠습니다. 그래도 나중에는 바다도 없이 섬을 가슴에 담는 법을 깨우쳤습니다. 살아야 했으니까요.

바다를 못 보며, 그럴수록 더욱 짙푸른 바다에 둘러싸인 초록색 섬을 그리워하며, 간신히 여상을 졸업하고 작은 회사에 경리사원으로 취직했습니다. 쥐꼬리만한 봉급이었지만 저축도 하여 독립했습니다. 작은 나의 방이 생겼을 때는 많이 기뻤습니다. 치자색 모슬린의 원피스를 샀을 때에는 더욱 기뻤습니다. 꽃무늬 화사한 양산이 생겼을 때에는 믿기지 않는 행운을 거머쥔 것 같았습니다.

그때 그를 만났습니다. 나에게 까마득히 높은 직장상사였던 그는 안정된 모습으로 나로부터 아주 멀리 있었습니다. 그런데 뜻밖에도 그가 일본여행에서 돌아와서는 내게 선물을 주었습니다. 까만 직육면체의 유리 속에 황금빛 동경타워가 들어 있는 갸름한 장식물이었는데 작아서 손아귀에 꼭 잡혔습니다.

그가 보여준 관심에 나는 많이 들떴습니다. 나 혼자만의 속절없는 짝사랑은 아닌 듯했기 때문입니다. 처음에 그는 나를 어린 여동생쯤으로 여기는 듯했는데, 어느덧 우리는 같이 보내는 시간이 많아졌습니다. 처자식이 있는 그는 이 만남을 때로는 풋풋한 연애로 생각하기도 했을 것이고, 때로는 가벼운 바람기로 여기기도 했겠지요. 나는 당연히 그보다는 진지했을 것입니다. 그래도 기약할 미래가 없다는 것 따위를 염두에 둘 만큼 진전된 사이도 아니었습니다. 그냥 마음이 움직였다고나 할지.

그런데 그 즈음이었던 것 같습니다. 미래라든가 희망이라는 말들이 빛을 잃기 시작했습니다. 그 사람 때문이었을까요? 아니, 그것은 아닌 것 같습니다. 나는 그에게 큰 기대를 하지 않았습니다. 그가 나를 속속들이 깊이 사랑한다는 확신이 들 만큼 우리가 가까운 사이도 아니었습니다. 무엇보다도 나의 사랑에 나 자신도 그다지 확신이 섰던 것은 아니었으니까요. 그저 이번 생은 나에게 그다지 많은 것을 베풀어 주지는 않을 작정인가보다 하는 짐작이 갔을 뿐이었습니다. 말하자면 살아 봐야 별 수 없을 거라는 체념 같은 것이었습니다.

나는 삶이라는 연극무대에서 주인공이 되고 싶었나봅니다. 그런데 불길하게도, 내가 맡을 가능성이 있는 배역 중에 주인공이 될 만한 것은 없었습니다. 예쁘지도 영민하지도 활력이 넘치지도 못했지요. 그래서 견딜 수 없는 것은 너무 많았습니다. 무미건조한 일상, 근면한 것만으로는 헤어날 수 없을 것 같은 남루한 생활, 마음 둘 곳 없는 외로움…. 그냥 대충 살면 되지 않느냐구요? 아뇨. 관객 없는 혼자만의 연극은 이제 싫증이 나는군요. 시시해요.

스치듯 찾아온 한 가닥 사랑에의 기대가 나를 더욱 깊이 절망하게 했는지도 모르겠습니다. 그런데 이러한 무력감에 빠져들수록 내 마음 속의 섬이 나를 불렀습니다. 어서 오라고 말입니다. 해가 뜨던 동해와 달리 해가 지는 서해에는 섬이 참 많더군요. 이곳의 섬들은 바다 밑에서 솟아났다기보다는 가볍게 떠있는 것처럼 여겨져서, 스물다섯 푸른 청춘을 접어 어디론가 떠나기에 더없이 알맞은 곳으로 생각되었습니다. 그 중에서 하나를 골랐습니다. 인천에서 배를 탔습니다. 배에 오르기 전, 친한 친구와 오빠에게 각각 편지 한 통씩을 부쳤습니다. 마무리가 필요한 몇 가지 일의 뒤처리를 부탁하기 위해서였는데, 편지말미에 조용히 사라지는 나를 제발 찾지 말아달라고 간곡하게 썼습니다.

그에게는 아무 것도 남기지 않았습니다. 일기에도 그와의 일을 적어놓지 않았습니다. 물론 어떤 친구에게도 그에 대하여 말하지 않았습니다. 그저 그를 내 가슴에 담고 갑니다. 다시 말하지만 내가 죽는 것은 그 사람 때문이 아닙니다. 그는 내가 사랑한 타인이었으며 늘 낯설었습니다. 언제 우리가 가까웠던 적이 있었나요. 그런데 이렇게 마지막 시간이 다가오니 머릿

속에 온통 그의 생각뿐이군요. 생각보다 나는 그를 아주 깊이 사랑했었나 봅니다.

섬에 도착한 날, 비가 내렸습니다. 그래서 이틀을 기다렸습니다. 이제 하늘은 맑고 날씨는 쾌청합니다. 이곳은 바다가 내려다보이는 양지바른 잔디 언덕, 오래 된 것으로 보이는 무덤 가입니다. 소주 2병에다가 수면제 한 병을 다 비웠습니다. 슬며시 잠이 쏟아집니다. 나의 완전범죄가 흐뭇합니다. 모슬린의 치자색 원피스를 단정하게 입고 반듯하게 누워 꽃무늬 화사한 양산으로 얼굴을 가렸습니다. 나의 부재를 슬퍼해 줄 몇 사람의 얼굴이 희미하게 떠올랐다가 이내 사라집니다. 그들의 슬픔이 그다지 절실할 것 같지 않아서이겠지요. 그렇게 생각하니 죽어가면서도 몹시 쓸쓸하군요. 반면 이다지도 변변치 못한 나의 생을 이쯤에서 접기로 한 이번 결정이 다행스럽기도 하구요.

나는 이제 외딴 섬에서 홀로 죽어가고, 나를 아는 이는 아무도 나를 찾지 못할 것이니, 그들이 나 때문에 번거로울 일은 없을 것입니다. 나의 시신을 수습해 줄 이 섬 주민 누군가를 위하여 내가 가진 시계와 얼마간의 현금을 내 옆에 둡니다.

죽음은 영원한 잠입니다.

이 감미로운 잠에 빠지는 것이 행복합니다.

부디 안녕히.

색깔 입히기

"그렇게 하늘을 그리고 싶으면 그려야지 어쩌겠어요."

한참을 말없이 '이것 봐라.'하는 표정으로 그림을 응시하던 선생님은 미소를 담아 말씀하셨다. 우리는 와아 웃음을 터뜨렸고 그림의 주인공은 엉뚱한 행동을 한 아이답지 않게 얼굴을 붉히며 우리를 따라 저도 같이 빙그레 웃을 뿐이었다.

미술 시간, 교정에 나가 풍경화를 그린 후의 작품 평가 시간이었다. 모든 아이들의 그림이 하늘을 배경으로 건물과 잔디밭과 나무들의 묘사로 대동소이하였다. 그런데 그 애의 그림은 전혀 달랐다. 뾰족한 지붕 끝이 보이는 도화지의 아랫면 아주 조금을 제외하곤 온통 그저 파랄 뿐이었다. 흰 구름이 한 조각 떠있었던가, 아무튼 독특한 구도에 명암도 없는 단색이었다.

스케치북 한 장을 파랗게 칠해 놓은 학생의 파격도 파격이려니와 풍경화가 이래야 한다는 둥 저래야 한다는 둥 진부한 언급이 없었던 선생님도 얼마나 멋있어 보이던지. 한창 감수성이 예민하던 중학교 시절에 만난 예쁘장하고 자그마했던 미술선생님, 그 분의 차분한 인도로 나는 생전 처음으로 르노와르의 소녀들이 간직한 부드러운 분홍색 피부의 환영과 위트리요의 설경이 주는 우수어린 흰 색의 노스텔지어와 모딜리아니의 목이 긴 여성들이 자아내는 처연한 멜랑꼬리에 눈뜨게 되었다.

그 때 그 친구가 그린 파란 하늘은 나에게 하나의 표상이 되었다. 그러한 대담한 시도는 '누가 뭐래도 나는 나 하고 싶은 대로 하고 산다.'는 외침으로 들렸다. 때로 너무 독특해서 튀는 행동을 일삼는 사람들, 남들이 미처 감히 생각지도 못하는 일을 저지르는 사람들을 보게 되면 나는 속으로 생각한다. 저 사람도 파란 하늘을 그리고 있구나.

성찰이 있어 인간일 것이다. 그래도 가끔은 고뇌하지 않고 반성하지 않아도 되는 삶을 꿈꾼다. 좋으면 그냥 좋고 싫으면 그냥 싫고, 왜라고 묻지 않는 삶. 때로 안으로 침잠하고 의미를 찾고 하는 일들에 싫증이 나고 귀찮아지면 마음이 가는 대로, 마음이 시키는 대로, 제약으로부터의 일탈을 꿈꾼다.

그런 마음의 파동으로 인해 시야에 하늘이 들어차게 되는 날이면 나도 큼지막한 사각형의 화면에 푸른 하늘을 가득 넣곤 한다. 그때 그 친구의 흉내를 내어보는 것이다. 그런 식으로 녹색으로 뒤덮인 풀밭을 보면 아무 것도 담지 않고 시야에 가득 풀밭만을 그려 넣는다. 색종이처럼 단 한가지의 색으로 세상을 덮어보는 것이다. 그러한 단조로움에 대한 동경은 상대적으로 복잡한 머리에 대한 반작용일 것이다.

그러다가는 이내 큰 숨 한 번 들이켠다. 한 번으로 안 되면 두 번, 세 번, 계속 심호흡을 한다. 그러면서 타이른다. 한 가지 색으론 충분하지 않아, 세상에는 얼마나 다채로운 색들이 있는데 오직 한 가지에 매달린단 말인가, 이렇게 마음속에 깃든 모노톤을 지운다.

그렇다고 다양하고 현란한 색채의 향연이 쉬운 것도 아니다. 이런 저런 색깔에의 시도가 선명한 색상을 제대로 살려내게 하기보다는, 오히려 여러 가지 색을 덧입히는 형국이 되어 우중충하여 갈색도 아니고 회색도 아닌 뭐라 이름 붙이기 곤란한 어둑신한 색이나 만들어 내기가 십상이다. 딱하게도 자신의 색을 찾지 못하고 덧칠범벅 속에서 헤매는 꼴이다. 그러니 마음속에나마 주조색은 한 가지 지니고 살아가야 할 것이다.

마음에 깃든 자기만의 색깔 하나 소중하게 간직하고 지내다 보면 살아가는 길목 어느 때, 어디쯤에선가는 한번 맘껏 펼쳐 보일 기회가 올지도 모르겠다. 그런데 누군가가 나타나서 못하게 한다거나 아니면 다른 색을 강요할 때 사람들은 몹시 불행할 것이다. 그와 달리 '그렇게 그리고 싶으면 그려야지요.'라고 조용히 말해주며 선선히 받아주는 사람을 용케 만날 수도 있을 것이다. 그러면 드물게 찾아 온 행운을 기꺼이 즐겨 그 그늘에서 잠시 쉬어가도 좋으리.

비계, 마중물, 바닥집 考

비계飛階

 어린 시절, 친구들과 걷다가 계단만 나타나면 지천이던 아카시아 잎을 꺾어 들었다. 그리곤 가위 바위 보로 이긴 사람이 이파리 한 개씩 뜯으며 층층대 먼저 오르는 시합을 벌였다. 하늘에 맞닿은 계단 꼭대기에 걸린 흰 구름을 바라보며, 나는 동화책 속의 흑백 삽화에 마음을 실었다. 그림 속의 나선형 계단은 끝없이 이어져서 하늘의 구름을 뚫고 저 멀리 아득했다.

 축대 높은 친구네 이층집에는 벽감처럼 생긴 창문이 있었다. 나는 거기 걸터앉아서 창밖의 나무 많은 정원을 느긋하게 내려다보는 것이 좋았다. 또한 층계참의 꺾어지는 모퉁이를 돌 때면, 이다음에는 나도 층계참에 창문이 달린 집에서 살아야지 생각했다.

이러한 건물 안팎의 층계 외에 유독 그 시절 눈에 많이 띄었던 것은 새로 건물을 세우거나 낡은 건물을 수리할 때 임시층계 역할을 하는 비계였다. 건물 외벽에 가로 세로 얼기설기 각목을 엮은 후에 구멍 숭숭 뚫린 철판이나 못질이 사나운 널빤지를 비스듬히 고정시키면 위아래의 이동통로가 만들어졌다. 지게 진 일꾼들은 부지런히 이 경사면을 오르내리며 시멘트와 모래, 벽돌과 타일 등속을 날랐다. 어느덧 공사가 마무리되면 비계는 철거되고 번듯한 건물의 외관이 드러났다.

내 존재의 집도 보완과 수리가 필요할 때가 있다. 이럴 때 나의 내면을 가꿔줄 새로운 재료를 운반해 들이려면 비계를 세워야 한다. 무료無聊와 타성惰性으로부터 탈피하여 한 발짝을 내딛기 위해서는 설치와 해체가 자유자재인 비계가 안성맞춤이다. 마음 안팎으로 이 가설물을 지었다 허물었다 하며 틈틈이 새 세상을 맞아들이다보면 시야도 확장되고, 한 단계 성숙할 수 있는 계기도 마련할 수 있고, 나아가 성큼 새로운 도약을 이룰 수도 있을 것이다.

나는 이 때 "창을 사랑하는 것은, 태양을 사랑한다는 말보다 눈부시지 않아 좋다."라고 노래한 시인의 마음이 되어, 날개달기를 소원하지 않고 겸손하게 비스듬한 철판이 놓인 비계를 원한다. 차마 날기를 바라지는 못해도 삐걱대는 철판을 딛고 서라도 조금이나마 진일보를 이루고자.

마중물

60년대에는 서울에서도 많은 집들이 수돗물 대신 우물물을 길어 썼다. 우리 집은 그 동네에서는 한 발 먼저 우물에 파이프를 박아 펌프를 세웠다. 두레박과 우물덮개가 사라지고 좁은 마당이 약간 넓어졌다.

세상을 다 녹여버릴 것처럼 뜨거운 늦여름의 하오. 마당의 펌프가 오도카니 녹슨 고철더미처럼 물기를 말렸다. 시멘트로 뒤덮인 손바닥 만한 마당의 후끈한 열기도 식힐 겸, 장독대 곁의 축 늘어진 등나무넝쿨 밑동에도 끼얹을 겸, 나는 물을 퍼 올리기 위해 펌프로 다가갔다. 펌프의 긴 손잡이를 올렸다 내리는데 피스톤이 헐겁게 덜커덩거렸다. 나는 그제야 '아, 참. 물을 부어야지.' 하며 바가지의 마중물을 재빨리 붓는 동시에 손잡이를 당겨 올렸다. 물을 머금은 실린더가 비로소 힘 받는 것이 손끝에 느껴졌다. 힘껏 손잡이를 내리니 펌프는 시원스레 물을 쏟아내었다. 흰 포말이 눈 앞 가득 은빛으로 부서졌다. 대청에서 뒹굴던 동생도 덩달아 달려와 물을 길어 올렸다. 물통에 콸콸 넘치는 물을 마당 곳곳에 흩뿌렸다. 나른하던 대기는 우리들의 웃음소리에 정적을 물리치고, 구석의 가냘픈 포도나무 잎사귀에도 일순 생기가 돌았다.

펌프 아래 깊은 물이 아무리 맑고 시원한들 한 바가지의 마중물이 없으면 퍼 올릴 수가 없다. 고인 물을 퍼내야 새 물이 채워진다. 퍼내서 쓰지 않으면 지하의 샘물은 시나브로 잦아들고 만다. 차곡차곡 내 안에 쟁여져서 알게 모르게 나를 이루던 것들이 내가 미처 돌보지 못하는 사이에 그만 영영 스러져 간 것도 많을 것이다. 먼지를 뒤집어쓴 채 제 모습을 잃어버린 지난 시간의 편린들에 마중물로 생기와 활력을 선사한다. 마음에 잔잔한 파문이 일게 하는 것, 환한 기쁨을 주는 것, 정신이 번쩍 들게 하는 것들이 나의 마중물이다. 내 생의 각성제들 덕분에 잠자던 나의 감성이 기지개를 켜고 청정한 대기를 심호흡하며, 작은 깨달음이 긍정의 미소로 내 삶에 켜를 이루도록 도와준다.

오늘은 누가, 무엇이, 나의 머리와 가슴에 신선한 자극을 선사할 마중물이 되어 나를 흔들어 깨울 것인가.

바닥짐

밑창이 뾰족한 배의 전복을 피하기 위해 무게중심을 잡으려고 배 밑에 싣는 모래주머니나 물 돌 자갈 등을 바닥짐이라고 한다. 짐은 짐이되 어떤 쓸모나 부담을 의미하는 다른 짐들과 달리 '나, 돌이요.', '나, 자갈이요.'하면서 그 자체의 본성으로 자기 존재가치를 주장하지 않는다.

여행을 위해 이것저것 필요한 물품을 꾸릴 때였다. 소용에 닿는 것들을 무심히 뒤섞어 가방에 넣고 나니 물건마다 무게와 모양이 제각각이라, 가방이 모양새도 찌그러지고 제대로 서있지도 못했다. 되도록 무거운 것을 밑으로 보내야겠다고 여기며 짐을 다시 싸면서 이번에는 두툼한 미술화보 책을 맨 밑에 깔았다. 그제야 중심이 잡혔다. 긴 비행시간을 유용하게 보내려고 준비한 책이 바닥짐 구실을 톡톡히 한 셈이다.

그러고 보니 책의 본래 효용도 바닥짐 구실에 있다. 우리 정신세계의 바닥짐. 책에서 얻은 영양소를 포함하여, 우리 삶의 바탕과 지향을 위한 기본소양이나 방향타를 결정짓는 것들로 내면의 바닥짐이 든든하다면, 비록 우리가 세파에 휘둘리어도 자기 본연의 모습으로 의연할 수가 있을 것이다.

한데, 이도 그 자리매김을 제대로 해야 한다. 가령 내 안의 사단칠정四端七情이 요동칠 때 균형감각을 위한 모래주머니가 필요하다. 그런데 내려놓을 자리를 못 짚어 엉거주춤 부둥켜안고 있다간 그 모래주머니는 바닥짐은커녕 오히려 쓸데없이 무겁기만 한 애물단지가 될 수도 있다. 강을 건넜으면 뗏목을 버려야 하듯이 머리로 얻은 것이나 경험으로 축적한 것에 스스로를 가두지 말 것이요, 나만의 확고한 세계를 정립했다고 자신하여도 그 도그마가 오히려 덫이 되는 일은 없도록 해야 한다. 배의 바닥짐이 자신을 내세우지 않는 것처럼 내 인생의 바닥짐도 나를 이루되 나를 드러내지 않고 면밀히, 그러나 조용히 안으로 챙기는 것이 좋다.

흔들리지 않게, 쓰러지지 않게, 가라앉지 않게 중심을 잡아줄 내 안의 바닥짐. 너무 무거우면 덜어내고 너무 가벼우면 채워놓고.

저기 바닥짐 덕분에 쓰러지지 않는 오뚝이가 있다.

언어의 흥망성쇠를 본다. 사물만 유전하는 것이 아니라 언어도 그렇다. 이제는 새로운 건축공법의 등장으로 구닥다리 비계는 점점 눈에 띄지 않고, 펌프가 사라지니 마중물이라는 말도 낯설고, 조선업의 발달로 배의 바닥짐도 따로 필요 없다. 비계(scaffold)와 마중물(priming)과 바닥짐(ballast)은 모두 문명의 이기를 따라 신조어로 들어와서 한 때는 번성을 누리다가, 세상의 바뀌는 모습 따라 덩달아 쇠퇴하는 말들이다. 세상에서 사라져가는 낱말들이라는 생각에 나의 마음이 연연하여 그 말들 끝에 내 마음을 매달아 본다.

낯선 세계를 어깨에 메고 성큼성큼 비계를 오르며 늘 마중물을 반갑게 받아들여 내 안의 재고在庫를 점검하고 깊이 들여다보고 새롭게 느끼며 그 중에 더러는 삶의 든든한 지평으로 바닥짐을 삼는다면, 심오하면서도 명랑하고 굳건하면서도 발랄한 멋진 생활의 축이 만들어지지 않을까 생각한다.

삶의 이해를 위한 추측

떠나기 연습, 머물기 연습

 그는 어딘가로 여행을 자주 떠난다. 열흘씩 보름씩 그러다가 길어지면 몇 달씩 집을 비운다. 그러면 그의 빈 집에 가서 그녀는 화분에 물을 주며 식물들을 보살핀다. 그녀는 이 일로 그의 부재를 인정하면서 동시에 그의 존재를 확인한다. 그는 어느 때는 생기를 띠고 젊어져서, 어느 때는 시간의 흔적을 묻히고 지친 모습인 채 집으로 돌아온다. 물기 머금은 식물들이 그를 맞는다. 싱싱한 화초도 있고 약간 이울어가는 것도 있다. 낯설었던 먼 그곳에서도 낯익고 익숙한 이곳에서도 삶은 여전히 펼쳐지고 있다는 사실이 퍽 그의 마음에 든다. 그리고 그 진실을 넌지시 일깨워주는 그녀의 표현방식에 곰곰이 수긍한다. 그는 다시 또, 돌아오기 위해 떠난다.

자유를 위하여

그녀의 자유 -소중하게 가꿀 화분이 있는 사람은 행복하다. 화분이라는 구체적인 존재에 마음을 심게 되면 삶은 견딜만한 무엇이 되는 것이다. 식물에 물을 주는 반복적인 일을 통해 그녀는 자신의 가슴에도 물을 준다. 수시로 밀려드는 갈증과 허기를 채워줄 어떤 대상을 찾고서야 비로소 마음에 자유를 품을 수가 있다. 모종의 결핍감에서 벗어나게 되면 자기 밖에서 자유를 찾으려고 방황하지 않는다. 그녀는 스스로 충만하며 스스로 자유롭다.

그의 자유 -저 하늘의 별을 동경하는 사람들에게 충족은 없다. 지상의 어느 것 하나에 마음을 매달아 둘 수가 없는 것이다. 정해진 틀 속에 자신을 가두는 것은 상상만으로도 숨이 막힌다. 먼 곳을 향해 치달리는 마음을 가눌 길이 없어 무작정 길을 떠난다. 바다 끝까지 하늘 끝까지 한껏 내달리고자 한다. 끝없이 버리고 한없이 비우며 홀가분해지려는 몸짓 가운데 다소간의 평화가 깃든다. 그는 길 위에서, 바람 앞에서 비로소 자유롭다.

자기 마음속에서건, 길 위에서건, 자기만의 방식으로, 필요한 만큼의 자유를 지켜내는 일은 아주 중요하다.

상실과 집착 사이

그녀는 그가 아주 가버리지 않고 꼬박꼬박 돌아오는 이유에 대해 생각해 본다. 그는 그러니까 돌아오기 위해 떠나고, 떠나기 위해 돌아온다고 여겨진다. 어쩌면 자신의 빈손을 확인하기 위하여 돌아오는지도 모른다. '저번에 떠날 때보다 조금 더 가벼워졌군.' 하면서. 그렇다면 그의 화분을 대신 지켜주는 것은 그녀의 집착인지도 모른다. 그런데 그녀의 집착이 그를 방해하는 것 같지는 않다.

"길 위에서 나를 잃는 연습을 하는 것이지요."
"자기로부터 벗어나고 싶다는 의미인가요?"
"아니, 그보다는 상실에 대한 것. 무엇이건 떠나보내면 끝, 애착이 없어질 때까지."
"그럼, 뭐, 살면서 가슴 아플 일은 도통 없겠네."
그녀의 말에 그는 쓸쓸하게 웃었다. 아주 쓸쓸하게.

외로움의 덫에서 탈출하기

혼자 있으면 외롭다. 둘이 있으면 조금 더 외롭다. 셋, 넷,… 무리가 늘어날수록 인간의 외로움은 기하급수적으로 커진다. 어느새 세상은 그만 외로움으로 가득 찬다. 우리가 얻으려던 사랑과 채우려던 욕망에 흡족한 적이 있었던가. 그렇지만 삶에 위안을 주는 것은 또한 늘 그 언저리 어디쯤이다. 집중할 대상이나 일거리가 생겨서 마음 바칠 곳이 생기는 행운이 다가오면 숨 쉬는 일이 즐거워진다. 정신의 산소호흡기를 주기적으로 착용할 수만 있다면 그리하여 삶의 활력을 재충전할 수만 있다면 외로움도 조금씩 사그라질 것이다.

   떠도는 자도 머무는 자도 자기 마음을 다스릴 수 있기를 소원한다. 그는 떠나는 것으로 고독을 삼키고, 그녀는 그의 빈 집을 찾는 것으로 고독을 잠재운다. 두 사람이 고독을 이겨내는 방법은 다르다. 그러나 고독을 즐기는 방법을 안다는 공통점을 지닌다. 그는 세상을 떠돌고 그녀는 그의 내면을 떠돈다. 안온한 미소가 꽃처럼 피어난다.

혈거시대, 로드맵, 아고라

 우리는 안으로 향하는 구심적인 존재일까, 아니면 밖으로 뻗는 원심적인 존재일까, 또는 우리는 방 안의 존재일까, 길 위의 존재일까 하고 일견 하나마나한 생각을 하게 된 건 순전히 우연만은 아니었다. 항상 마음속에 맴돌던 생각이 그야말로 우연히 찾아든 그림전시회 때문에 좀 더 구체적인 모양새로 다가왔을 뿐이다.
 스산한 날씨였다. 가을의 끄트머리에서 계절은 다만 눈으로 즐기고 싶었다. 낙엽 지는 풍경은 좋지만 바람이 옷깃을 파고드는 것은 싫었다. 나는 동행에게, 시립 미술관에 있는 찻집에서는 덕수궁 석조전이 앞마당처럼 잘 내려다보인다고, 그곳에 차 마시러 가자고 했다. 그녀와 나는 서로서로 담소를 나누기에 좋은 상대라고 여기는 사이다. 그러나 오늘 우리가 같이 시간을 보낼 수 있는 것을 행복으로 여기더라도 매사가 다 그렇게 운이 좋다고 장담할 수는 없다. 그날따라 찻집은 문을 열지 않았던 것이다.

그렇게 해서 기웃거리게 된 전시회였다. 광화문에서 여기까지 바람을 맞으며 걸어와 허탕 친 일이 다소 억울하지 않았더라면 서울, 도쿄, 베이징, 타이베이 등 아시아 4개 도시의 젊은 작가군의 작품들에 관심을 보이지는 않았을 터였다. 평소 지나치게 관념과 추상이 넘치는 실험성 있는 설치미술은 그다지 좋아하지 않았으므로.

한 일본 작가의 작품 앞에 섰다. 그는 자기가 사는 집의 평면도와 나란히 그 동네 지도를 넓게 펼쳐 놓았다. 정확한 직사각형의 평면도에는 작은 거실과 그보다 작은 침실 그리고 주방과 욕실이 있다. 그는 이 공간에서 생활하고 꿈도 꾼다. 사람들은 이런 곳을 보금자리라고 부른다. 사각형의 갇힌 공간은 답답해 보인다.

옆에 붙어 있는 지도 위에는 빨간 점들이 어지럽다. 작가는 매일 자기가 들리는 곳마다 팥알 크기의 선명한 빨간 토큰을 하나씩 붙였다. 식품점과 책방, 세탁소와 과일가게, 버스정류장 등 자주 들리는 곳에는 다닥다닥 붙은 점들이 촘촘하다. 약국처럼 어쩌다 한 번 들리는 곳엔 드문드문 붙은 점들이 한가하다. 동그라미의 집합들이 조밀하기도 하고 퍼져 있기도 한 모양으로 지도 자체의 여러 가지 도로선과 어우러져 그대로 그럴듯한 점과 선에 의한 조형미를 보여준다. 이렇게 자기의 행선지를 한 달을 계속해서 표시하다보면 그의 생활 반경이 드러난다.

이 지도와 평면도를 통해 나는 작가가 외치는 소리를 듣는다. '나는 이렇게 살고 있다. 이곳에서 나는 이루어진다. 고작 이 방과 이 길, 이 공간을 내가 누리고 산다. 아! 나의 폭 좁은 세계란, 그리고 생활의 단조로움이라니, 얼마나 한정된 곳에서 한정된 경험만 하고 사는지가 일목요연하지 않은가. 나는 왜 하필 이 협소한 곳에 자리 잡고 이 작은 세상만을 경험해야 하는가? 경험이 부족하다는 것은 정신세계가 빈곤하다는 것과는 다른 이야기일 것이다. 그러나 우리의 정신과 마음이 장자莊子의 소요유逍遙遊를 흉내 낸다 한들, 우리가 한정된 시간과 공간에 갇혀있다는 것을 부인하지는 못할 것이다.

환등기가 돌아가는 어두운 옆방에는 한국 작가의 설치작품이 있다. 커다란 스크린에 에펠탑의 정경이 가득하다. 빠르고 비트가 강한 음악소리에 맞춰 화면이 하단부터 인파로 메워진다. 그 큰 화면이 하단에서 상단까지 군중으로 가득 뒤덮여 에펠탑의 자취가 한 점 없이 묻히고 나면 그 순간 화면은 때마침 불어온 바람에 후루룩 흩어진다. 자세히 보니 화면에는 작은 깃털들이 질서정연하게 촘촘히 매달려 스크린 구실을 하고 있다. 그리고 화면 뒤에는 대형 선풍기가 설치되어 있다. 화면이 인파로 끝까지 메워지는 순간 선풍기가 돌아가고 그러면 깃털들이 가볍게 날아오르면서 사람들은 순식간에 흩어져 사라진다. 다시 제자리를 찾아 고요해진 깃털의 스크린 위에 이번에는 로마의 베드로 성당이 사뿐히 내려앉는다.

이런 식으로 세계적인 관광명소들이 차례차례 군상으로 메워졌다간 흔적도 없이 사라지기를 반복한다. 그리스의 파르테논과 이집트의 피라미드, 인도의 타지마할과 캄보디아의 앙코르와트, 독일의 부란덴부르그와 영국의 스톤헨지, 미국의 자유의 여신상과 지금은 없어진 세계무역센타의 쌍둥이 빌딩 등이 순서를 이어가며 끊임없이 계속된다.

여기에서 가벼운 깃털은 우루루 허겁지겁 몰려다니는 관광객을 상징하는 것으로 여겨진다. 이즈음의 사람들에게 여행에의 욕구는 거의 강박관념의 수준에까지 이른 듯하다. 여행편력은 이제 참신한 경험으로 생활의 활력소가 될 수 있다는 차원을 넘어, 예전에 교양인의 필독서로 데칸쇼를 말하던 선조들의 유치한 자기과시의 한 방편처럼 보인다. 그러나 온 세상을 헤매어도 방향감각과 지향점을 상실하면 그저 허황된 방황의 몸짓에 지나지 않을 것이다.

두 작품은 무척 대조적이다. 앞의 작가가 협소하고 한정된 곳에 갇혀 있는 자신의 세계를 호소한다면 뒤의 작품은 표피만을 훑으며 떠돌아다니는 일과성의 여행에서 파생하는 허무함을 강조한다. 하염없이 헤매고 또 하염없이 깃들 곳을 찾는 방랑의 노정이 인생이라면 과연 안식은 어디에 있을까? 정처 없이 떠도는 길 위일까, 아니면 사면 벽과 지붕으로 가려진 밀폐된 공간일까? 외부에 노출된 그래서 오히려 역설적으로 의상으로 가리지 않으면 안 되는 나와, 밀실에서 의상을 벗어던진 나의 모습 중 어느 것이 나의 진실한 모습일까?

언뜻 밖은 자유공간일 것 같고 안은 속박의 공간일 듯하다. 그러나 오히려 닫힌 공간 안에서 사람들은 아무 것에도 구애받지 않을 수 있다. 이곳에서만은 그는 타인의 시선과 간섭으로부터 자유로워져서 온전한 자기 자신으로만 존재할 수 있기 때문이다. 반면에 문 밖에만 나서면 우리는 온갖 사회적 규범과 인습적 제약에 둘러싸인다. 그러나 방안에만 칩거하는 코쿤Cocoon들이 사회로부터 오랫동안 격리되면 말할 수 없이 황폐해지는 모습을 보이는 바, 아무래도 방밖의 세계가 있어 우리가 보다 인간의 모습이 될 수 있을 것이다.

"생각지도 않게 좋은 전시회를 보게 되었네요."

그녀가 말했고 나는 물론 적극 동감을 표시하였다. 즐거운 시간을 같이 보낸 동행과 헤어져 집으로 돌아올 때, 아마 그 전시회의 여운이 내게 꽤 깊이 남아 있었나 보다. 생각의 끝을 잡고 곰곰이 궁리하다보니 사람들을 위해 이 지구상에 마련된 공간을 대충 세 군데쯤으로 대별하게 되었다. 전인미답의 광야, 인간의 발자취를 따라 닦여진 길, 그리고 비바람을 피해 동굴을 찾아든 이래로 인간이 여러 형태로 모색하고 시도하였던 주거공간이 그것이다.

광야와 길과 방.

언제 어느 곳에서나 기왕의 것을 거부하며 무작정 광야로 나아가 포효하고자 하는 사람들이 있기 마련이다. 그들은 그 옛날 나무 위에서 생활하다가 땅에 내려와 최초로 직립보행을 시도한 선조의 후예들이다. 이들은 기존질서를 외면하거나 역행하는 사람들로 광야나 황무지에서 앞장서서 세상의 흐름을 이끌고자 한다. 이러한 사람을 광야의 인간형으로 부를 수 있겠다. 이들은 이 세상에 등장했던 무수한 영웅들로 당대의 선각자 내지는 선구자가 되어 새로운 패러다임을 구현하여 왔다.

그런가 하면 주어진 환경에 잘 적응하여 남들의 족적足跡을 따라 그들이 만들어 놓은 길에 순응하며 그 가운데 최상의 것을 취하려는 이들이 있다. 세상과 화해가 잘 되는 이런 사람은 탄탄대로의 인간형이다. 주변을 둘러보면, 생에 대한 긍정적 열정으로 항상 최선을 다해 성실한 자세로 일관하는 사람들이 있다. 농경 정착사회의 기틀을 마련한 신농神農의 후예라고 할 만한 그들의 생활은 비교적 순탄하고 여러모로 바람직하다. 사회구성원들의 지적 문화적 엘리트가 되어 시대를 향유하는 이들에게 삶은 비교적 잘 닦인 대로와 같다.

반면 자기만의 세계에 틀어박혀 그 안에서 안간힘을 쓰는 혈거인의 후예들이 있다. 가슴에 우주를 품은 채 오로지 스스로의 존재가치에 몰입해 있는 사람들을 다락방의 인간형으로 칭할 수 있다. 세상에는 독자적 이단아(maverick)로 자리매김

되는 특별한 열정을 지닌 사람들이 있다. 혼자만의 독특한 세계를 위해 고독하게 몰두하는 많은 예술가와 학자들에게 다락방으로 상징되는 외떨어진 공간은 반드시 필요할 것이다.

살면서 다소간에 뭔가를 이룬 사람들은 그와 같은 세 가지 삶의 유형들 중에서 하나를 자기 것으로 하여 맹렬하게 추구해 나간 사람들이다. 그러나 이렇게 두드러진 사람들 외의 대부분은 그저 이도 저도 아닌 채로 이도 저도 아닌 모습이 되곤 한다. 방안에 잘 안주해 있다가도 편안한 것이 지나쳐 갑갑해지면 허허벌판으로 뛰쳐나가 본다. 처음에야 시원한 바람에 신이 난다. 그러나 이내 막막한 심정이 되어버린다. 그러고 나면 여러 갈래의 길 위에 접어들어서는 이리 갈까 저리 갈까 망설이다가 확신도 없이 그 중의 어느 한 길로 방향을 잡는다. 그러면서 자꾸 뒤돌아보며 '가지 않은 길'에의 미련을 떨치지도 못한다. 후회와 우유부단의 미로에서.

살면서 하는 일이란 것이 결국은 이런 식이다. 우리는 대충 이러한 어정쩡한 식으로 생의 대부분을 채워나가며 소중한 일회적 삶을 소비한다. 내 인생은 왜 이렇게 걸치적거리는가, 속으로 투덜대면서 불운을 탓하며, 때로 기분이 좋으면 초탈한 듯, 까짓 것, 부귀와 영화를 누리면 희망이 족하겠는가, 여유도 부리며. 그래도 위로가 되는 것은 인류의 대부분은 그와 같은 사람들로 채워져 있다는 것이다. 있어서 그다지 해 될 것도, 없어서 아쉬울 것도 별반 없는 사람들, 군중이라는 다수에 속해 있으면서도 끈질긴 외로움을 추슬러야 하는 사람들. 그러나 이들이 있어 역사의 수레바퀴는 돌아가고 그 기세에 새로운 길도 닦여진 것일 것이다.

석연치 않은 이 세상, 더더욱 석연치 않아 애매모호한 '나'라는 인간. 어느 시절엔가는 나에게도 테라 인코그니타Terra Incognita에 대한 가슴 설레는 환상도, 쭉 뻗은 고속도로를 질주하고자 하는 도약과 상승에의 욕망도, 중세의 고성에 칩거하며 '짜라투스트라는 이렇게 말했다'같은 시대의 예언서를 쓰고자 하는 꿈도 있었을 텐데.

괜찮아

노인

 전철역에는 계단이 많다. 노인은 엘리베이터 대신에 운동 삼아 계단에 도전해 본다. 빠른 걸음걸이로 뛰듯이 계단을 오르내리던 때가 어제 같건만 예상대로 만만치 않다. 다리에 힘이 없어 한 단, 한 단 힘들여 오르는데 많은 사람들이 앞지른다. 노인은 그들에게 거치적거릴까봐 꼭 잡은 난간 쪽으로 몸을 더욱 붙인다. 기차가 들어오는 소리가 들린다. 성큼성큼 옆을 스치는 발걸음들이 더욱 요란해진다. 그들 중에 한 여인이 시야에 잡힌다. 멀어져가는 그녀의 팔랑이는 치맛자락에 작별의 시선을 보낸다. 그가 층계를 다 오르기 전에 기차는 떠난다.
 이윽고 마지막 계단을 딛는다. 숨이 차다. 힘은 들지만 약간의 성취감으로 얼굴이 홍조를 띤다. 조금 전까지의 인파는 썰

물로 사라지고 승강장도 선로도 텅 비었다. 그런데 벤치에 앞서간 그녀가 앉아있다. 기차를 타지 않은 여인이 몹시 반갑다. 당연히 안보이리라고 생각했기 때문인 것 같다. 혹시 자기를 기다린 것이 아닌가 하고 잠시 어이없는 착각을 한다. 다가가 옆자리에 앉으며 말을 건다. "전철 안 타셨네요." 낯선 사람이 아는 척 느닷없이 말을 시키니까 약간 당황한 채로 그럭저럭 상냥한 표정이다. 아마도 그다지 바쁜 걸음이 아니어서 기차를 그냥 보냈나보다.

 기차가 왔다. 자리가 비어서 그녀 옆에 앉으니 괜스레 기분이 좋다. 그런데 보기보다 나이가 꽤 많은가 보다. "흰머리가 있네요." 노인의 작은 목소리를 잘 못 알아듣고 "네?" 그녀가 반문한다. "흰머리가 있어요. 세월은 못 속이지요?" 그런데 "아, 네에."하고 대답하는 여인의 표정이 조금 굳어진다. 실없는 노인네로 여겨지나 보다. 더 말은 시키지 않는다.

 그런데 그녀가 기차를 타지 않은 것이 왜 그렇게 반가웠을까. 젊다고 생각했는데 그다지 젊지 않은 것은 왜 또 좋았을까. 갑자기 자신과의 거리가 좁혀진 친밀감이 생겨났던 것일까. 평소 소심하여 아무한테나 말을 트는 성격도 아닌데 오늘따라 터무니가 없다. 설레는 마음을 너무 드러내서 실례를 범한 것 같다. 그래도 스스로에게 그런 마음의 동요가 인다는 게 몹시 신기하다.

여인

 전철의 승강장으로 가기 위해 계단을 막 오르려는데 덜컹거리며 기차가 역으로 진입하는 소리가 들린다. 후닥닥 사람들이 뛰다시피 계단을 오른다. 급할 것 없는 그녀도 괜스레 덩달아 속도를 낸다. 한 노인이 난간을 잡고 느릿느릿 계단을 오르고 있다. 그녀는 노인에게 무심하기는 해도 누가 될까봐 조심스럽게 거리를 두고 지나친다.

 서두르면 기차를 탈 수 있다. 그런데 그냥 보낸다. 그녀는 비어있는 승강장에 남겨지는 기분을 즐긴다. 왠지 마당에서 막 비질을 끝낸 기분이라고나 할까, 망중한의 기분이라고나 할까. 탈 사람은 다 타고 내린 사람은 출구로 향해 바삐 사라지고 난 후의 아주 잠깐 동안의 여백을 좋아한다. 아마도 여행자의 낭만을 누려보고 싶은 때문인가 보다. 더구나 이 역은 지하가 아닌 지상이라 옛 기차역의 분위기가 있다. 시간 여유가 있을 때는 읽을거리를 들고 잠시 머물기도 한다. 지금도 마침 서둘러 기차를 탈만큼 바쁘지 않다. 빈 벤치에 앉아 빈 선로에 시선을 보낸다.

 홀로 조용한데 느닷없는 말소리에 얼굴을 돌린다. 아까 힘겹게 계단을 오르던 노인인가 보다. 무척 반가운 듯 옆자리에 앉으며 환한 얼굴로 말을 붙인다. 계단을 오를 때 눈에 띄었나 보다. 곧 전철이 왔다. 한가한 시간이라 좌석이 많이 비었다. 노인이 또 옆 자리에 앉는다. 속으로 빈자리도 많건만 왜 하필 또 옆에 앉으신담, 신경이 쓰이기 시작한다. 흰머리가 많다고 말을 시키는 노인이 약간 거북해진다. 계속 말상대를 해야 하면 어쩌나 했는데 그녀의 내심을 읽었는지 더는 말을 시키지 않는다. 다행이다.

  몇 정거장 지나지 않아 단정하게 앉아있던 노인이 내린다. 여인은 그가 뒤돌아보면 목례라도 보내려고 했는데 그냥 휘적휘적 나아간다. 노인을 꺼려하던 좀 전과는 달리 인사도 없이 떠나는 것은 약간 섭섭하다. 느릿느릿 계단으로 향하는 뒷모습에 맘이 쓰인다. 조금 친절해도 괜찮았을 것인데…, 가벼운 후회의 마음이 인다.

  이상하게도 며칠간 자신도 모르게 노인의 뒷모습이 자꾸 눈앞에 어른거린다. 자신의 흰머리에 반색하던 그 노인의 심정이 두고두고 헤아려진다.

  세월은 속절없고 세상은 그다지 친절하지 않다. 그래도 괜찮아. 살만해.

하얀 소묘

하얀색은 가장 많이 드러내며 동시에 가장 넓게 가려주는 바탕색이다. 꿈과 환상의 길목을 열기도 하고 슬픔과 체념을 조용히 가누기도 하는 색. 솔직하면서도 은밀하고 세심하면서도 대범하고 흔하면서도 귀한, 색 아닌 색, 아니 색중의 색이다.

언제부터였을까, 여름철 따가운 햇살 아래에서 유난히 내 마음속의 흰색이 아롱아롱 눈부시다.

내 안의 흰빛을 따라 시간을 거스르면 바지랑대와 힘겨루기를 하면서 너울거리던 흰 무명천이 눈앞을 가득 막아선다. 온 폭을 이은 이불잇은 빨랫줄을 다 차지하고 정오의 햇살 아래 하얗게 빛났다. 길게 누워 어른대는 그림자를 거느리고 옥양

목의 홑청이 꾸둑꾸둑 마르면 나는 그 천을 동그르르 작은 몸에 감았다 폈다하며 들락거렸다. 그럴 때 하얀 천은 범선의 흰 돛이 되어 바람을 한 아름 받아 터질 듯 팽팽하고, 푸른 하늘은 끝 간 데를 모를 망망대해를 펼쳐냈다.

 가끔은 빨랫줄에 걸리지 않는 이부자리의 홑청도 있었다. 개울가에서 비누질에 방망이로 매타작을 거쳐 양잿물에 푹푹 삶아진 고행의 길은 간신히 끝나고 드디어 뽀얀 속살로 목욕을 끝내고서, 빨래는 곧장 땡볕으로 달구어진 자갈밭 위에서 온몸을 편안히 폈다. 빨래의 가시밭길이 끝나면 이제부터의 고행은 아이들 차지였다. 어른들은 돌아가고 햇볕은 쨍쨍 꼬맹이들만 남아 빨랫감을 지켜야 했다. 햇볕에 그을린 아이들 얼굴은 동글동글 반질반질 차돌을 닮았다. 시냇물에 퉁퉁 부은 맨발에 자갈은 뜨겁고 내리쬐는 태양을 피할 그늘은 버드나무 잎새로는 어림도 없었다. 바람에 날리지 않도록 네 귀퉁이에 굵은 돌 얹고 일렬횡대로 나란히 길게 누워있는 천은 하나의 풍경을 완성하면서, 지루하고 시무룩한 표정의 아이들을 달래며 힘겨운 노역 끝의 청결한 세상을 보여주고자 했다. 어느새 물기가 마른 이불잇은 흰 캔버스로 펼쳐져 마냥 넓은 화폭이 되어 알록달록 다채로운 아이들의 꿈을 실어 나르려고 빳빳이 깃을 세웠다.

 흰 빨래와 엮인 유년을 지나는 연결부호는 어느 틈에 여름에 피는 하얀 꽃들로 환치되었다. 장미원의 울타리 안에서 얌전히 꽃망울을 부풀리던 장미는 초여름을 기다려 약속처럼 한꺼번에 활짝 터지는데 그날을 기다렸다. 저마다의 자태로 한껏 아름답지만 그중에도 흰 장미는 푸르른 계절의 싱그러움 속에서 청초하면서도 화려한 기품이 돋보였다. 이즈음은 안개꽃도 한 철이라 도심의 복판에서도 가슴 가득 한 아름 안아들 수 있었다. 길섶의 찔레도 망초도 무수한 하얀빛 환상여행의 통로가 되어주었다.

 교정의 장미가 한창이던 어느 날, 우리는 흰 머릿수건과 앞치마를 채비하여 동작동 국립현충원에 청소하러 갔다. 그렇지만 그곳은 씻은 듯 깨끗하여 할 일이라곤 별로 없었다. 이곳저곳 둘러보던 중, 어떤 정경 하나가 시선을 끌었다. 인적 없이 화강암의 묘비만 질서 정연하건만 어느 묘석 앞 소복의 젊은 여자가 정물처럼 앉아 있었다. 여고생들의 수다가 일순 끊겼다. 저고리의 긴 고름은 나풀거리고 둥글게 부풀은 치맛자락이 푸른 잔디 위에 두둥실 고운 곡선을 그렸는데 한 무릎을 세워 깍지 낀 두 손을 얌전히 올려놓은 자태가 한 떨기 흰 장미처럼 너무나도 고와서, 그만 나는 가슴이 철렁하였다. 서너 살쯤 된 여아는 체크무늬 점퍼스커트의 짧은 치마를 나비처럼 팔랑이며 석물들 사이 파아란 잔디밭을 이리저리 뛰어다니면서 분홍색 패랭이꽃을 꺾어 작은 다발을 만드느라고 열심인데 그 모습은 또 얼마나 티 없이 맑고 귀엽던지, 명치끝이 찌르르했다.

여인은 남편의 이름 석 자 새겨진 비석에 조용히 시선을 둔 채, 잔잔한 미소를 머금고 있었고 나는 그저 숙연해져서 입을 다물었다. 그 모든 추억과 사랑을 뒤로 하고 한 줌 재가 된 사람에게서 죽음은 오히려 잊혀지고 산 사람만이 죽음을 생각하고 흐느끼고 되새기는지도 모른다. 사랑하는 이와 함께 있을 수 없어서 당신도 나처럼 이렇게 열 손가락 끝 마디 마디가 저린가요. 그녀는 그렇게 허공으로 스러져간 이에게 묻고 있는 것 같았다.

푸른 하늘에 흰 구름은 한가하건만 세상은 아직도 평화를 모르고, 그래서 그만 젊은 군인의 무덤가에 조용히 눈길을 떨군 소복의 미망인과 패랭이꽃을 모아 쥔 작은 여자애가 있는 영상을 만들어내고야 마는 것이다. 날씨가 너무 화창해도 하늘이 너무 파래도 슬퍼지는 건가. 내게 그런 생각이 잠시 들었다. 그렇지만 이내 내 속의 어딘가로 부터 슬픔 속으로 숨는 것은 비겁한 일이야, 가슴이 아프다는 말로 얼버무리려 하지 마, 낮게 나무라는 목소리가 들렸다.

그즈음 파월국군장병 아저씨에게 위문편지를 형식적으로 써 보내고, 휴가 나온 맹호부대 용사의 짐 속의 소니 포터블 카세트 라디오를 선망했다. 젊지 않은 아버지, 아직 어린 오빠, 그래서 파월군인의 집이 아닌 것에 안도하였다. 오늘 하루 흰 교복 상의에 만년필의 잉크를 떨어뜨려 푸른 얼룩을 만들지 않으면 그로써 마음이 맑게 개었던 우리 착하고 순진하고 무지했던 소녀들. 그들 중의 하나였던 나에게 그 화창한 계절 장미가 흐드러진 때, 특히 백장미가 만발한 때, 그림같이 앉아있던 그녀의 치마저고리가 그려낸 하얀 소묘는 초록 잔디를 바탕으로 햇빛을 받아 어찌나 눈부시던지.

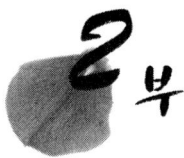
2부

물수제비뜨는 소년
푸른 방
환상이 필요해
슬픈 메트로폴리탄
늑대와 함께 철학을
님은 먼 곳에
사다리 오르기
쇼핑생활백서
내 아버지의 작명법

물수제비뜨는 소년

 속삭이듯 잔잔한 파도가 이는 한적한 바닷가 모래톱에서 소년과 소녀가 즐겁습니다. 바위산을 뒤로 하여 자갈이 흔한 해안에서 소년은 작고 납작한 돌을 골라 한껏 몸을 낮춰 바다를 향해 팔매질을 합니다. 돌멩이는 물 표면을 가볍게 튕기며 수면 위를 날아 여러 번 낮은 포물선을 그리곤 합니다.
 "일곱 번이나 튕겼네."
 "아-아니야. 여덟 번 튕겼어."
 소년은 소녀보고 잘못 세었다고 나무라고, 단호한 그의 태도가 마음에 드는지 소녀는 크게 우기지 않습니다. 일곱 번이 아니고 여덟 번 튕기게 한 것이 소년에게는 엄청나게 큰일인가 봅니다. 소년은 의기양양하여 자랑스럽게 웃고 소녀는 순한 얼굴로 덩달아 소리 내어 웃습니다.

커다란 눈망울이 지어내는 짙은 음영이 아름다운 소년은 서역왕자님 같고, 꿈꾸는 표정으로 먼 곳을 향할 때 긴 눈매가 고운 소녀는 마치 애급공주님인 듯, 어딘가 기품이 서려있는 모습들로 해맑게 잘도 웃습니다.

먼 옛날 이 섬에서 살다 구중궁궐에 갇혀버린 젊은이도 여기서 그냥 물수제비나 뜨고 살았더라면 좋았을 걸 그랬습니다. 고려산에 진달래 봉오리 맺을 때면, 마니산 기슭 따라 인진쑥 연한 싹 캐는 마을 처녀들과 노닥거리고, 가시오가피로 술 담가서 밴댕이 회 한 접시에 희희낙락하며 그렇게 살 걸 그랬습니다. 애처롭게 하늘거리던 어린 모가 유연하게 제자리를 잡아 청신한 녹색을 빛낼 즈음엔 그 푸르른 들녘을 가슴에 담고, 비 오려나 장마 지려나 하늘의 뜻을 가늠하며 그렇게 살 걸 그랬습니다. 서늘한 하늘아래 알곡이 들어차는 논이랑에서 참새 떼 보며 순무 거둬 갈무리하고, 포도밭에서 송이송이 단맛에 흠뻑 취해서 빙그르르 맴맴이를 돌면 만산홍엽의 화엄단장은 더욱 현란할 것이었습니다. 함박눈 소담하여 초가지붕 부드러운 윤곽이 고즈넉할 때, 목화솜 두둑하니 두루뭉술한 바지저고리 진솔을 설빔으로 얻어 입고 머슴방에 모여앉아 질펀한 농지거리 나누며, 왕골로 화문석 짜거나 솜씨 좋은 소목小木이 이층 반닫이 만드는 것 거들며 그렇게 살 걸 그랬습니다. 순덕이나 언년이나 볼 붉고 장딴지 통통한 작은 각시 얻어서,

메주덩이 같이 못생겼어도 세상 무엇과도 안 바꿀 아들 낳고 딸 낳고 그렇게 살았더라면 참 좋았을 걸 그랬습니다.

사위어가는 왕조, 명문가도 아니고 천출도 못되는 끄트머리 왕족으로 태어난 것은 그것만으로도 피 토하게 서러운 운명입니다. 어느 때 어느 자객의 손에 단 칼로 베어질지도 몰랐을 목숨, 산골 무지렁이라는 처지로의 전락이 그의 생명을 부지해 주었습니다. 지엄한 자리 상감마마가 되는 게 무슨 짓거리인 줄을 그가 차마 알고 있었더라면, 영문도 모르고 한양 가는 배에 오르지는 않았을 겁니다. 숨을 수 있었으면 숨었을 겁니다. 피할 수 있었으면 피했을 겁니다. 그랬더라면 호의호식 주지육림 지분냄새 분분한 여인네들 품속에서 황량한 쾌락에 심신이 녹아내려, 서른을 갓 넘긴 젊은 나이에 기력을 다 하진 않았겠지요.

세상 뜨면서 그는 이름도 아름다운 강화도江華島, 이 섬을 마지막으로 그렸을 겁니다. 비 온 다음 날 아침이면 섬 사이사이에 물안개 짙어, 청회색 낮은 하늘을 배경으로 하얀 구름이 척하니 내려와 바다 위에서 쉬는 것 같습니다. 앞섬을 자취도 없이 꽁꽁 여미듯이 감싸 안던 포근한 햇솜 같은 운무가 바람결 따라 저 편으로 흘러가고 나면 숨었던 섬은 순식간에 선연히 그 모습을 드러내곤 합니다. 맑은 날 저녁이면 일몰에 맞춰 구름들이 수평선 가까이로 뭉게뭉게 모여들어, 지는 해의 잔영을 멀리멀리 번져가게 하여 하늘과 바다 온 천지가 불바다를 이룹니다. 불타는 석양을 등지고 뒤돌아보며 뒤돌아보며 잔뜩 겁먹은 얼굴로 산등성이 굽이굽이 넘어갔을 가여운 젊은이. 이 세상 하직할 때, 바닷가에서 지게막대기에 지게 받쳐놓고 물수제비뜨며 시골처녀 희롱하던 어린 시절을 떠올렸을 겁니다.

 지금 저 소년과 소녀가 서역의 왕자도 아니고 애급의 공주도 아니고 이렇게 여기서 즐거울 수 있어서 얼마나 다행인지요. 황금으로 쌓아올린 왕좌에 백관이 도열하여 온갖 진귀한 보물로 감옥을 만들어 주지 않아서 얼마나 다행인지요. 푸른 하늘 아래 제멋대로 피는 꽃, 산도 보고 물도 보고 산도 닮고 물도 닮고, 해 나면 해가 나서 좋다고 금빛으로 반짝이고 비 오면 비가 와서 즐겁다고 은빛으로 싱싱하여 한껏 기쁜 모습일 그들. 이 땅에서 태어나 슬프게 살다 간 그 옛날의 젊은이가 아니고, 오롯이 자신만의 생을 사랑하여 그 무엇도 아닌 자신으로 살아, 마음껏 사랑하고 마음껏 웃을 수 있어서 얼마나, 얼마나 다행인지요.

푸른 방

푸른 바다가 천정에서 바닥까지 한 벽에 가득하다. 뤽 베송의 영화 '그랑 블루'의 커다란 포스터 덕분이다. 연한 하늘색의 벽지가 하얀 책상 뒤에서, 시원한 청색의 양탄자가 흰 커튼 자락 밑에서 더욱 파랗다. 꽃병도 거울장식도 문구들도 덩달아 제각기 다른 파란 빛을 지니고 여기저기 섬처럼 놓여있는 이 방을 나는 '푸른 방'이라고 부른다. 코발트블루, 인디고블루, 클라인블루, 울트라블루, 시아닌블루… 온갖 톤의 이다지도 많은 블루에 둘러싸여서 나는 그 모든 블루가 좋다.

물에 빠졌던 적이 있다. 여섯 살 아이는 허우적거리지도 못하고 떠있는 듯 서서히 가라앉고 있었는데, 처음 겪는 무중력의 세계가 이상하게 편했다. 세상의 모든 소리가 사라진 완벽한 고요 가운데 아이의 몸 주위로 온통 푸른빛이 번져나가던 물속의 정경에서 그때의 기억은 그만 멈추고 만다. 이 방이 나를 멀리 아득하고도 늘 선명한 영상의 푸르스름한 색조 속에 곧잘 잠기게 해준다.

푸른 방에서 나는 꿈을 꾼다. 일상의 건조함으로 납작 눌렸던 꿈 조각이 산중턱 고운 물안개로 가볍게 부풀어 오른다. 지평선 너머 아슴푸레하던 기억의 성채가 윤곽도 분명하게 성큼 다가선다. 환상여행이다. 낯선 곳으로 나를 데려가고픈 충동, 새로운 바람의 향방에 대한 호기심, 이국의 정취가 마음속 등불의 촉수를 높여 주리라는 기대를 안고 길을 떠날 때, 사면의 벽은 무한 확장되어 멀리멀리 물러선다. 벽이 멀어지는 정도에 따라 더러는 혼돈으로 흔들리고 더러는 막막하게 떠돌며 나는 사막과 바람과 바다와 습기를 만난다. 땅거미를 안고 돌아오는 시간여행의 귀착점에서 물러섰던 벽은 다시 견고하게 자리 잡는다. 푸른 방은 밖으로 밖으로 번지는 드넓은 여행지이면서, 안으로 안으로 스며드는 격리된 도피처다.

환상여행은 내내 푸른색이다. 청색의 이미지는 차갑고 고독하고 이성적이지만 그럼에도 불구하고 그 어느 색보다 열정적이다. 그 열정은 불꽃 없는 그러나 끈질긴 열정이다. 청색인격을 그려 본다. 그는 투명한 의식을 지니고 충분히 강한 자의식으로 무장해 있으면서도 의식 과잉의 흔적이 없이 감정과 이성의 밸런스를 유지한다. 그럼으로써 지적 훈련의 강도에 따라 그가 지닌 관념이 심도를 지닌다. 그가 명상가라면 내면의 심충적 의식과 삶의 다층구조에 대한 모색의 여정을 조용히 갈무리할 것이다. 한 인간이 지니는 다중성의 의미, 인간 보편이 숙명으로 짊어진 모호성, 우리가 맞닥뜨리거나 추구하는 삶의 지향에 대한 깊은 성찰이 거기에 있다. 그가 문사라면 언어가 아우르는 세계는 무한하여 문학이야말로 총체적이고 근본적인 인간의 문제에 부단히 접근하고자 하는 운동성을 지닌다고 자부할 것이다. 그에게 책읽기는 자아를 찾으려는 미로 헤매기이며, 글쓰기는 삶의 본질을 추구하여 떠나는 정신적 실존적 대장정이다.

그럼 나의 푸른 꿈은 어떤 것일까. 내가 아는 모든 것, 내가 모르는 모든 것, 안다고 생각했는데 모르는 것, 모른다고 생각했는데 알고 있었던 것, 그 모든 것을 차곡차곡 되짚어보는 것이다. 삶의 여정에 대한 탐구라는 주제는 나와 타인의 시공간을 헤집고 그 틈으로 삶을 응시하는 것을 의미한다. 즉 함몰된 전체 속에서 개성을, 역사 속에서 개별자를, 다시 개별의 특수성 속에서 유사성을 인식하고 파악하기 위해 시선을 모으고자 한다. 그러한 탐색전을 바탕으로 나는 푸른 글을 쓰고 싶다. 어떤 이의 마음의 현을 건드려 여린 감성의 새순이 돋아나듯, 가슴이 아픈 듯 따뜻해지는 글, 그런 글을 쓰고 싶다. 사람들의 느낌과 생각을 공유할 수 있는, 그래서 '그래, 바로 내가 하고 싶었던 말이야.'라고 깊이 공감할 수 있는 글, 그런 글을 쓰고 싶다. 혹은 '아, 정말 그렇구나. 예전엔 미처 몰랐는데.'라고 말하는 누군가가 새롭게 깨달아 그의 머리가 맑아지는 글, 그런 글을 쓰고 싶다. 마음과 정신이라는, 눈으로 볼 수 없고 손으로 만질 수 없는 세계를 탐구하다가 그로써 자기만의 언어를 완성하는 것. 그것이 나의 꿈이다.

그러니까 푸른 방은 패러독스의 세계다. 글쓰기는 고독 속의 독백이고 몰입이다. 푸른 방에서 이런저런 생각을 궁굴릴 때 나는 혼자다. "인간은 아무 것도 하지 않고 있을 때 가장 활동적이며, 철저하게 혼자 있을 때야말로 가장 고독하지 않다."는 말에 절대적으로 공감한다. 그러나 내가 어떤 사안에 대하여 나름으로 느낌을 나열하고 생각을 정리하려고 이렇게 저렇게 애쓰는 것은 결국 "그렇지 않아요?" 하고 세상에 말을 걸어 타인을 끌어들이고 싶기 때문이다. 그건 직접 대화를 나누는 방식보다 더욱 자아를 확대시킨다. 하긴 대화에 목마르지 않은 사람들은 글을 쓸 필요가 없을 것 같다. 그래서 석가도 소크라테스도 예수도 책을 남기지 않았던 것인지 모르겠다. 어쨌든 써놓은 글이 나에게 들려주는 고백임과 동시에 세상과의 소통을 염두에 둔 것이라면 이 방은 좀 더 넓은 세상으로 나아가고자 하는 발돋움의 터전이다. 이러한 이율배반은 또 있다. 여러 가지 상념을 늘어놓다보면 오락가락 종잡을 수 없이 뒤섞인다. 어느 때는 '원시적 생명력과 격정의 아름다움'을 찬양하고 또 어느 때는 '검토되지 않은 삶은 가치가 없다'고 깊게 수긍한다. 이미 써 놓았던 글을 전혀 다르게 고치는 일도 빈번하다. 어느 것이 진짜일까. 시간에 따라 변화의 추이만 있을 뿐 진실게임은 존재하지 않는다.

푸른 방에서는 변주곡이 흐른다. 이 방의 청색조 안에서 나는 언어의 미로 속을 헤매며 말의 편린을 집어 들고 분주하게 분석하고 취합한다. 이렇게 공들여 쌓아놓은 말들이 그런데 다 낯이 익다. '어디선가 본 듯한, 남이 대신 써준 것 같은 글이네요.' 나의 글을 읽고 사람들은 내게 그런 말을 묻는 표정을 짓는다. 자기화의 과정에서 예전의 어떤 것과 닮은꼴이 되는 것은 불가피하다고 나는 나를 설득한다. 한 인격체에 여러 가지 모습이 겹쳐있고 여러 사람들의 마음속에 같은 생각이 자리 잡는 것이니 내 안에 그들의 모습이, 그들 속에 내 모습이 당연히 들어있을 것이다. 그래서 우리는 같은 얘기를 조금씩 비슷하게 조금씩 다르게 변주곡으로 내놓을 수 있을 뿐이다. 마치 이 방에 조금씩 명암과 채도를 달리하는 많은 푸름이 있는 것처럼.

푸른 방은 나에게 마법을 건다. 내 안에는 여러 겹의 자아가 있다. 나와 추상의 나, 나와 나의 그림자, 나와 나의 배반자가 끊임없이 공존한다. 그것들이 분열과 통합을 반복 합성하고 나면 내가 썼으되 마치 누군가의 대필처럼 생소하면서도 경이로운 세계가 앞에 펼쳐진다. 이 마술의 세계에서는 붓 끝에 글이 따라 나오고 글이 글을 부른다. 이 알 수 없는 이끌림은 아마도 최면과도 비슷하다. 사람들이 더러 내 글이 의외라고 말한다. '당신에게 그런 면이 있었나요? 평소 모습과는 많이 다르군요.'라는 뜻이다. 글과 사람은 별개인가? 아니다. 글은 곧 그 사람이다. 단지 푸른 방이 만들어내는 마술의 세계가 현실의 외피 아래 품고 있던 여러 갈래의 자아를 다채롭게 펼쳐 보일 뿐이다. 아, 그러니까 마술에 걸리다보면 어느새 나도 모르게 서투르게나마 약간의 마술을 할 수 있게 되나 보다. 마법에 걸릴 수 있어서 다행이다, 아직은.

  이 푸른 공간이 아늑하다.

환상이 필요해

판테온을 지나 나보나광장 피우미분수 앞에 이르렀다. 베르니니의 놀라운 솜씨를 올려다보는 한여름의 야경 속에 그 저녁의 동행이 불쑥 말했다.

"노래 한 곡 할까요?"

광장의 한가운데서 한국의 파바로티가 〈오 솔레 미오〉로 주변을 압도하자, 근처의 바이올린과 아코디언의 악사가 자연스럽게 합류하였다. 멋진 차림의 신사가 롱드레스의 여인을 이끌어 스텝을 밟았다. 노래는 음악을, 음악은 춤을 불러왔다. 군중들이 에워쌌다. 땀을 비 오듯 흘리며 열창을 하던 커다란 체구의 청년을 바라보며, 이 차곡차곡 진행되는 즉흥의 무대 앞에서 나는, 나의 주변은 한껏 행복하였다.

동창회를 위하여 친구들이 파격의 무대를 준비하였다. 평소

무용으로 취미생활을 하던 중년의 여인들이 반짝거리는 스팽글이 눈부신 무대 의상을 걸치고 금발 은발의 가발을 쓰고 율동도 현란하게 〈댄싱 퀸〉을 추었다.

"나는 어리고 예쁜 열일곱 살. 신나게 춤출 때, 내 인생은 나의 것이네."

여리고 약한 삶, 마음은 나이를 먹지 않고 늘 연초록 그 젊은 한 때에 머물러 떠나지 못한다. 하지만 행복한 중년의 소녀들이여, 그들이 춤을 추는 동안은 어리고 예쁘지 말란 법이 없다.

말에 감정을 실으면 시가 되고, 시의 호소가 영탄으로 흐르면 노래가 되는가. 그 음률에 맞춰 몸이 온전한 전체로써 자신의 언어를 풀어낼 때 영혼과 육체의 합일은 절묘할 뿐이다. 음악과 춤은 도취에의 열정으로 살아있음에의 생생한 환희를 펼친다. 우리는 모두 한 조각의 환상이 필요하다. 가끔은 현실에서 벗어날 수 있어야 현실을 극복할 힘이 무럭무럭 생겨나기 때문이다.

나는 어른거리는 환상에 잠겨 정경들을 회상한다. 로마의 야경 속에서 즉흥 음악회가 열리던 때, 댄싱 퀸의 선율이 고막을 진동시키던 때, 그리스인 조르바가 그의 두목과 해변에서 춤으로 자유를 구가하던 때, 붉게 펼쳐지는 탱고로 〈여인의 향기〉가 시선을 사로잡은 때, 지그프리트의 팔에 안긴 오데트가 천상의 아름다움을 보여주던 때, 스트라빈스키의 신비한 음색이 〈봄의 제전〉으로 생명의 태동을 나른하게 몽환으로 펼치던 때, 세상은 안개 속처럼 몽롱한 가운데 너무나 아름답고 완벽하여 아무 부족함이 없었다.

진리를 깨닫는 법열의 순간이나 누군가와 사랑에 빠졌을 때 우리는 지극한 행복감에 잠기게 된다. 엔돌핀 4천배의 효과라는 다이돌핀의 역할이라고 과학은 설명한다. 눈물이 날 만큼 큰 감동에 휩싸였을 때 생성되는 이 호르몬은 좋은 노래에 심취하거나, 훌륭한 공연에 감격하거나, 아름다운 풍경에 압도되었을 때 만들어진다고 한다.

그런데 놀이하는 인간 호모 루덴스로서의 우리는 관람자의 입장에서가 아니라 스스로 몸을 움직여 리듬 속에 몸을 맡길 때, 그 어느 경우보다 다이돌핀을 많이 솟아나게 하지 싶다. 놀이에 춤만 한 것이 있을까. 사교춤의 기본스텝에도 어두운 형편이었음에도 춤을 잘 추는 사람과 손을 잡으니 저절로 스텝이 따라왔다. 단순히 오른 손을 살짝 맞잡았을 뿐인데도 앞으로 가고 뒷걸음질하고 둥글게 회전하고 몸을 뒤로 젖히는 일련의 동작이 미끄러지듯 편하게 이어졌다. 그를 따라 한 동작 한 스텝에 마음을 다하여 열중하며 나의 변신을 가능케 한 리더에게 열렬히 승복하였다. 그것은 마치 의식을 펼치는 아프리카 원주민들이 춤의 제전 속에 단조한 리듬으로 단순한 동작을 반복하면서 엑스타시의 세계로 빠져드는 것과 같은 경험이었다.

춤의 간절함은 무엇일까.

순간을 붙잡지만 소멸이 예정된 때문인지도 모른다. 내면의 뜨거운 격정이 맨몸의 도약으로 분출하여 격렬하게 짜릿하게 선명하게 순간을 체험한다. 시간이 멈춘다. 눈물겨운 황홀이다. 그러나 그 순간이 지나면 완벽한 소멸이다. 재생 불가의 일회성으로 똑같은 동작은 두 번 다시 반복하지 못한다. 한 동작은 그림자도 거두어 완벽하게 사라진다. 몸이 말을 건다. 이내 몸은 말이 없어진다. 생각을 지운다. 오직 생명만이 있다. 손에 쥐어지고 발끝에 느껴지는 감각만이 오롯이 소중한 이 아무것도 아니어서 흡족한 무화의 순간, 그 기억상실이 반갑고 그 언어상실이 기쁘다. 열린 땀구멍의 열기, 솟는 땀방울, 그리고 몰입. 아무 것도 남기지 않으리라. 춤은 순간을 각인시키면서 동시에 너그럽게 시간을 흘려보내는 방식이다.

집중과 몰입으로 비롯하는 즐거움에는 두 가지가 있다. 분주한 사념 가운데 뭔가를 끄집어내는 'think out'과 출몰하는 느낌으로부터 어떤 것을 만들어내는 'dance out'이 그것이다.

살면서 두 가지의 행복을 추구한다면 더 바랄 나위가 없을 것이다. 전자가 정적에 둘러싸여 심사숙고의 덩어리가 구체적 체계로 다가오는 것이라면 후자는 격정적인 영감의 표출이 감성에 부딪혀 폭발과 융화를 거쳐 신기루로 나타나는 것이다. 물론 나는 think out쪽에 무게중심이 기울어 있다. 그건 내가 특히 심오한 것에 경도되어 있어서가 아니라 영감의 출렁거림을 담을 만큼의 소양과 번득이는 재능을 타고나지 못해서이다.

붙잡을 만한 것이라곤 곰곰이 살펴보고 오래 만지작거리는 일 밖에는, 달리 할 줄 아는 게 없어서다. 그래도 그것이 내게 주는 행복이 만만치는 않아 내심 이도 나쁘지는 않다고 만족의 미소도 흘릴 줄은 안다. 그렇더라도 dance out, 그 예지의 세계는 영원한 동경의 세계다. 세상의 아름다운 문학, 음악, 미술의 모든 예술적 성취는 다 그로부터 나왔음에다. 많이 생각하기보다는 많이 느끼고 즐기는 삶이 더 풍요롭다고 나도 깊이 수긍한다. 그러니 그 한 조각 희열의 끝자락이라도 약간의 맛을 볼 때의 소중함이란 이루 말할 수가 없다.

"음악과 춤은 인간이 만들어낸 것 중에서 가장 유쾌한 쾌락이다."

경제학자 아담 스미스의 말이다. 영혼을 정화시키는 힘이 있기도 하고 원초적 즐거움을 선사하는 오락이기도 한 음악과 춤. 사람을 춤추게 하는 것은 영혼과 정신이지 기교가 아니라며 투투와 토슈즈를 벗어버리고 그리스의 여신이 된 이사도라 던컨도 위대하고 기교의 끝에서 마침내 자유로운 비상을 보여주던 미하일 바리쉬니코프도 존귀하다. 소크라테스가 말했다.

"축혼가도 코러스도 리라도 없다면, 그것이 바로 **죽음**이다."

시심을 잃으면 끝, 마지막까지 놓지 말아야하는 것은 시인의 마음이다.

살아가노라면 음유시인이 되어 노래하고 남녀가 둥글게 춤을 추며 한 때를 보내는 기회가 오기도 한다. 그럴 때 머뭇거리고 망설이다 그냥 흘려보낸다면 아마도 인생에서 가장 소중한 것 한 가지를 놓치는 실수가 되지 않을까.

슬픈 메트로폴리탄

　버스는 이제 파리를 벗어나 시골길을 달린다. 정작 파리 시내 관광보다 나는 저 전원 풍경이 더 마음에 든다. 황금빛 밀밭이 넓게 펼쳐진 가운데 종탑이 아름다운 교회를 중심으로 빨간 지붕을 인 자그마한 주택들이 옹기종기 모여 있는 시골 농가의 정경들은 한결같이 평화롭고 고즈넉하다. 키 큰 포플라, 날씬한 자작나무, 그리고 사과밭. 나무에 매달린 사과 색깔이 연두색으로부터 새빨간 색까지 온갖 초록과 온갖 빨강으로 그 농담을 다채롭게 하여 점묘파의 그림 마냥 아른아른하다.
　어쩌면 인간들은 이렇게 구석구석 모여 사는지, 나는 항상 그 당연한 사실이 신기하고 새롭다. 저곳에 사는 사람들은 세상을 어떻게 바라볼까. 세상을, 또는 산다는 것을 어떻게 인식하고 있을까. 저 경치를 동경하는 만큼 나도 저 속에서 저 사람들처럼 살고 싶은가. 나는 저렇게 살고 싶었던가.

> 이미 A.D.79년 베수비오 화산 폭발이 있었던 전원도시 폼페이가 누렸던 헬레니즘시대에 벌써 사람들은 전원생활을 동경했다.…테오크리토스(Theocritos)같은 시인들이 목동들의 소박한 삶의 매력을 발견했으며 미술가들 또한 복잡한 도시거주자를 위해서 전원의 즐거움을 불러일으키는 그림을 그리려고 노력했다.…목가적인 풍경을 구성하는 모든 것, 이를테면 목동과 소, 소박한 사당과 멀리보이는 별장과 산들을 한데 모아놓은 것이다.
> —곰브리치 〈서양 미술사〉중에서

그때 그 헬레니즘시대 도시 거주민이나, 약 2,000년 후 서울이라는 거대한 메트로폴리스가 삶의 터전인 내가 자연에 대해서 품는 동경은 결국 이렇게 같은 것이다. 시대는 크게 변하는 것 같지만 인간 심성의 근원은 그다지 세월을 통해 변하는 것이 없다는 이치다.

로렌스(D.H.Lawrence;1885-1930)는 그에게 명성과 혹평을 동시에 가져다 준 영국의 도시를 떠나 이탈리아의 시골에서 사는 이유에 대해 이렇게 이야기했다.

> 나는 그들과 함께 그들의 조그마한 농가에서 살고 싶은 생각이 나는 것도 아니다. 그것은 마치 감옥과도 같은 것

일 것이기 때문이다. 하지만 그들의 생활과 내 생활이 평행하며, 서로 관계를 가지고 영위되어 갈 수 있도록 그들에게 내 바로 옆에 있어주었으면 하고 바라고 싶은 것이다.

결국 노동은 안하고 즐기기만 하겠다는 욕심이겠다. 한 송이 장미꽃을 피우기 위해 작업복 차림으로 정성껏 가꾸는 사람 따로, 아름답게 피워 낸 장미의 자태를 즐기기만 하면 되는 사람들이 따로 있는 게 세상살이다. 그러고 보면 세상에는 대체로 두 종류의 인간 군##이 있는 것 같다. 고단하게 수고하고 애쓰는 삶이 있고, 그러한 수고덕분에 이루어진 성과만을 즐기고 그 과실을 따먹기만 하면 되는 삶이 있다. 그런데 대다수가 생각하는 행복의 실체는 후자의 삶이 아닐까.

장미의 아름다움만을 취하고 그 심층과 배면은 아랑곳하지 않는 것은 유치한 감상과 미숙한 감성에 불과하다. 사람들은 이것을 곧잘 심미적 감수성으로 혼동하곤 한다. 표피적인 삶이 지니는 이러한 허구는 스노비즘, 속물주의라 불리는 경멸의 대상이지만, 애석하게도 우리 어설픈 문명인들은 거개가 다 문화속물이라고 불리는 사이비의식으로부터 그다지 자유롭지 못하다.

탐나는 것은 뭐든지 다 움켜쥐고 말겠다는 굳은 결의에 차 있는 이 시대 도시 중산층은 탐욕 무한, 그 가공할 진취적 노력의 결과로 편안하고 안락한 도시민의 일상을 창조하였으되 거기가 욕망의 끝자락은 아니다. 원하는 것은 어떻게든 손에 넣어야 직성이 풀리는 그들답게 이제 와서는 다시 '도시의 인스턴트 삶에 지쳤노라. 저 푸른 초원에서 자연과 벗하고 싶다.'라고 '소망'이라는 고상한 말로 포장된 이기심과 허위의식, 그리고 끝없는 소유욕을 드러낸다. 이때 이들 머릿속에 떠오르는 영상은 필경 넓게 펼쳐진 푸르른 초지일 뿐 가축들이 풍기는 악취나 농촌생활이 수반하는 고된 노역과는 무관하다. 이즈음 이상적 삶의 형태로 떠오르는 새 모델은 이런 것이다.

'그림 같은 경치가 펼쳐진 한가한 시골에 지중해 풍의 전원주택을 한 채 마련한다. 실내에는 이 시대 최첨단의 문명기제가 요즈음 유행하는 젠(Zen;禪)스타일이 가미된 미니멀리즘 Minimalism의 인테리어로 산뜻하면서도 기품 있게 꾸며져 있다. 매일의 삶은 결코 도시와 유리될 수 없다. 사이버 시대의 도래 덕분에 나의 삶은 시공을 초월한다. 도시 속의 나와 전원 속의 나는 이렇듯 분리되지 않고 손쉽게 양손에 떡을 쥘 수 있도록 해 준다.'

도시인이면서 도시를 경멸하고 농업이 부여하는 노동가치를 거부하면서 농촌의 삶을 동경하는, 대부분의 도시인들이 지니는 이 총체적 위선과 허구의 정답은 과연 무엇일까. 이에 대해 이미 18세기에 볼테르는 정곡을 찌르고 있다.

나는 노파에게 자신의 영혼이 어떻게 만들어졌는지 알지 못해서 불행한 적이 있었느냐고 물었다. 노파는 내 질문의 뜻조차도 이해하지 못했다. 노파는 일생을 통해 한 순간이나마 선량한 브라만을 괴롭혀 온 문제들을 생각해 본적이 없었다. 노파는 마음 속 깊이 비쉬누(힌두교의 신)의 전생을 믿었고 만일 갠지스강의 성수를 약간 구해서 세정식만 할 수 있다면 가장 행복한 여자라고 생각할 것이다. 나는 브라만에게 돌아가 말했다. "당신이 있는 곳에서 50야드도 떨어지지 않는 곳에 아무 것도 생각하지 않으면서도 행복하게 사는 인간이 있건만, 당신은 이렇게 비참한 기분으로 사는 것을 부끄럽다고 생각하지 않소?" 그는 대답했다. "당신 말이 옳습니다. 그러나 그것은 내가 원하는 행복은 아닙니다."

—볼테르 〈철학사전〉 중에서

신의 존재 등 당연시하던 것에 의문을 품고 애매모호한 것을 거부하는 이성에 눈 뜬 덕분에 몸도 마음도 단순하게 살 수 있는 능력을 상실한 계몽주의 이래의 얼치기 호모 사피엔스 Homo Sapiens들은 낙원으로부터 추방된, 행복은 아연 저 멀리에 있는 슬픈 존재들이다.

이와 마찬가지로 태초의 삶의 양식으로부터 유리遊離되어 이미 먼 길을 와 버린 우리 도시인들에게 전원생활에 동화되어 진정한 자연인으로 되돌아가 충일한 삶을 사는 것은 이제 불가능에 가깝다. 무엇이든 피상적인 접근으로는 진실에 도달할 수 없고 따라서 진정한 행복의 길도 요원할 것이다.

그런데도 불구하고 이렇게 아름다운 경치를 마주하게 되면 그럴 때마다 딱하게도 자연의 품속에 묻히고 싶다는 절망 같은 소망을 포기하지도 못한다. 이때 한 목소리가 가만히 타이르듯 속삭인다. '그것은 이제 더 이상 그대들이 원하는 행복의 궁극이 아닙니다.'

어느덧 어둠이 깔리고 조명을 받아 아름다운 성이 저 멀리 언덕 위에 모습을 보인다. 버스는 스위스에 접한 프랑스의 국경도시 디종에 가깝게 다가서고 있다.

늑대와 함께 철학을

가끔 수다쟁이 영장류 대신
내 안의 과묵한 늑대의
소리를 들어야 한다.

 눈물 젖은 사유가 가능한가? 마크 롤랜즈의 ≪철학자와 늑대≫는 그렇다는 대답을 들려준다. 철학책을 읽으면서 눈물을 흘리는 기묘한 체험을 선사한 책의 부제는 '괴짜 철학자와 우아한 늑대의 11년 동거 일기'이다.
 어떤 책은 감동을 준다. 그리고 어떤 책은 깨달음을 준다. 그런데 ≪철학자와 늑대≫는 감동과 깨달음을 동시에 안긴다. 이 책은 분명 대중 철학서인데 서정적 문체의 에세이집으로 볼 수도 있으며 한 마리 늑대의 일대기 겸 저자의 자서전이기도 하다. 철학의 언어와 문학의 언어가 혼재하며 감성적 서사에 이성적 사유가 겹쳐 매우 독특하다. 그리고 마지막 책장을 덮을 때의 감회는 '아, 정말 대단한 책이다.'였다. 재독을 마쳤을 때의 독후감에는 느낌표가 더 많이 달렸다.

염세적 기질을 지니고 정처 없이 표류하는 지식인이었던 저자는 은둔자, 사회 부적응자, 알콜 중독자였다. 그는 늑대 '브레닌'과 더불어 11년 동안 미국과 아일랜드와 영국과 프랑스를 떠돌았다. 웨일스어로 왕이라는 뜻의 브레닌Brenin이라고 이름을 지어준 늑대를 위해 이사할 때마다 그는 지구 한 귀퉁이에 은신처를 마련하곤 하였으며 늑대는 그의 품에서 수명을 다하였다. 연대기 순으로 펼쳐놓는 늑대와의 생활 가운데 중요한 철학적 주제가 절묘하게 우러나온다. 문장은 유려하고 분석은 설득력을 지닌다. 염두에 둘 것은 그가 철학자라는 사실이다. 당연히 단상의 나열이나 감상적 술회를 넘어 세심한 체계를 세운 자신의 철학적 사유방식을 심도 있게 서술한다. 물론 이 책은 본격적인 철학 이론서는 아니다. 그러나 충분한 깊이를 지니고 독자를 사색의 세계로 인도한다. 번역자도 말했듯이 내용이 결코 어렵지도 않지만 결코 쉽지도 않다. 책의 완성에 무려 15년이나 걸렸다니.

고집 센 회의론자이며 '극단적인 상황 사이를 시계추처럼 왕복하는 것이 자기 삶의 주제'라는 그의 생활에 대한 피력은 경이롭다. 매일 늑대와 함께 달리기를 하며 대학 강의실에 늑대를 데리고 들어간다. 수업 중에 늑대는 크게 하울링을 한다. 사람들을 만나는 것을 피해 저녁마다 혼자 술을 마시면서 하루 여덟 시간 동안 집필하고 잠은 거의 자지 않는 그의 모습을 상상해 본다. 선천적으로 사람을 싫어하는 그의 비판적 인간관에서 탄생한 인간 본연에 대한 통찰이 저명한 철학이론과 개념들에 힘입어 인간이성과 우월성, 행복, 시간, 죽음 등을 주요 쟁점으로 화려하게 펼쳐진다.

인류가 지닌 우월감에 대한 그의 질타는 시원스럽다 이른 아침 앨라배마의 안개 속을 헤치며 땅위를 가볍고 조용하며 우아한 모습으로 유연하게 미끄러지듯 달리는 늑대 옆에서 시끄럽게 헐떡대며 털썩털썩 달리는 영장류의 모습은 더없이 볼썽사납고 불만스럽다. 인간의 논리와 개념적 문제를 해결하는 능력과 브레닌의 달리기 능력, 이 둘 중 어느 것이 더 우월한 기술인가.

늑대들도 말을 한다. 그들이 못하는 것은 거짓말이다. 그래서 인간은 자신이 이들보다 우월하다고 생각한다. 정교한 속임수를 흠모하는 인류는 '속임수와 계약' 때문에 문명인이 되었지만, 동시에 사기꾼도 되었다. 인간의 문명, 궁극적으로 인간의 지능은 군비 경쟁과 같은 경쟁의 산물이며, 그 핵심에 거짓말이라는 탄두가 있다. 자연은 우리가 문명이라고 부르는 것보다 더 야만스럽지는 않으며 만인에 대한 만인의 투쟁도 없다. 또 다른 훌륭한 저서인 재레드 다이아몬드의 《총, 균,

쇠≫에서는 문명의 발전이 민족 간 우열의 문제가 아니라 지리적 환경여건에 기인한다고 했다. 두 저작은 모두 통념을 뒤집는 쾌감을 선사한다.

브레닌의 토끼사냥은 저자의 철학에 대비된다. 브레닌은 가끔 너무 벅찬 토끼를 쫓아다녔다. 그리고 철학자는 너무 벅찬 생각을 찾아 잠복했다. 그것은 몹시 괴로운 일이다. 때로는 삶에서 가장 불편한 순간이 가장 가치가 있다. 집중력이라는 황금빛 비눗방울 안에서 다른 방식으로는 알 수 없는 것을 깨달을 수 있다. 그 '최고의 순간'은 행복, 세상의 명리, 성공과는 무관하다. 나 자신을 응시하여 참다운 나를 만나는 순간, 나의 생명력을 느껴 살아 있음을 실감하는 순간이다. 삶의 의미는 행복도, 목적도 아니다. 살면서 만나는 몇몇 순간들, 이 특정한 순간들이 바로 인생 최고의 순간인 것인데 이는 마치 수확기의 흩어진 보리 낟알처럼 삶의 전반에 걸쳐 흩어져 있다. 저자는 책 속에서 여러 번 거듭하여 브레닌이 어릴 때 불독에게 공격받던 순간을 회상한다.

> 나는 우연히 태어난 영장류다. 그러나 나는 자기를 땅바닥에 메다꽂은 불독에게 저항하며 낮은 신음 소리를 내는 새끼 늑대에게서 최고의 나를 발견한다. 신음은 고통이 다가옴을 예견하는 것이며, 고통은 삶의 본질이다. 그것은 내가 새끼 늑대 외에는 아무것도 아니라는 깨달음이

고 삶이라는 불독이 언제든지 나뭇가지처럼 나를 부러뜨릴 수 있다는 깨달음이다. 그러나 동시에 결코 물러서지 않겠다는 의지의 표명이기도 하다.

그의 행복에 대한 견해는 얼마 전에 읽은 탁석산의 《행복 스트레스》의 내용과 궤를 같이한다. 행복은 곧 즐거움이라는 등식 아래 사람들은 행복 중독자가 되어 끊임없이 술 마약 섹스 싸움 여행 등을 통해 즐거움을 추구한다. 약물 중독자처럼 쓸데없는 것을 끊임없이 갈망한다. 행복이 무엇이든 그것은 감정이다. 인간은 부질없이 감정을 추구하는 존재다. 희망은 인간실존의 신뢰할 수 없는 중고차 판매원이며 원래 있던 상자 안으로 도로 집어넣어야 한다. 일탈을 통해 행복을 찾으려는 인간과 달리 늑대에게 진정한 행복이란 감정이 아닌 실재이며 항상 똑같은 것이 영원히 반복되는 것이다. 변화나 일탈을 허용하지 않고 불변하는 것이며 영원처럼 반복되는 일상을 보존하고 보증하는 것이 삶에 걸친 임무다.

여기에서 그의 논의는 니체의 '영원회귀'에 도달한다. 만약에 시간이 직선이 아니라 둥근 원이라면, 그리고 우리의 삶이 끝없이 반복된다면 삶의 의미는 직선 위의 결정적 지점을 향해 진행하다고 볼 수 없다. 순간들은 흘러가버리지 않고 끊임없이 재현되고 있으며 모든 순간은 그 자체로 완전하다. 늑대의 시간은 둥글게 흐른다. 그리하여 전후에 일어날 일들이 더 추가되거나 덜어지지도 않은 완전한 순간이다.

  순간의 존재인 늑대와 달리 인간은 시간의 존재다. 시간의 개념 속에서 인간은 삶에 의미를 부여하며 죽음에 묶여있는 존재다. 삶의 시간을 일직선이라고 생각하며 '욕망과 목표와 과제'를 지닌 인간은 미래를 준비하기 위해 하기 싫어하는 일을 하는데 엄청난 시간을 쓰고 있다. 순간들의 의미는 기억의 형식으로 존재하는 과거의 일 또는 기대의 형식으로 존재하는 미래의 비전들로 구성된다. 우리는 순간 자체를 보기보다는 순간을 통과해서 보기 때문에 어떤 순간도 그 순간만으로는 완전하지 못하다.

  인간을 판단하는 주요 척도로써 선과 악에 대한 그의 고찰이 치밀하다. 악은 일상적으로 발생하고 일반적이며 진부하기까지 하다. 그는 한나 아렌트의 '악은 의외로 평범하다'는 정의에 전적으로 동의한다. 나치 친위대 장교 아이히만의 죄는 나쁜 동기가 있어서가 아니라, 단지 희생자의 고통에 공감하지 못하고 자신의 믿음과 가치를 충분히 검토해 보지 않은 태만 때문이다.

  선에 대해서는 밀란 쿤데라의 소설 ≪참을 수 없는 존재의 가벼움≫의 대목을 인용한다. 진정한 인간의 선은 힘이 없는 자들을 대할 때 나타난다. 그러므로 자신은 약자에 대해 보이는 태도를 보고 사람을 평가한다. 약자에는 유아, 노인, 광인, 그리고 동물이 포함된다.

그는 브레닌의 지능과 유연성을 믿었으므로 비록 야생의 늑대로 살지 못했어도 그의 삶이 행복했으리라 굳게 믿었다. 늑대가 수명을 다할 무렵, 회복의 가망도 없는 늑대를 죽을 힘을 다해 보살폈다. 도저히 늑대가 없는 세상을 살아갈 수가 없었기 때문이다. 브레닌의 죽음과 타협하지 않고 견디던 무렵의 자신에 대해 그는 최상의 모습이었다고 생각한다. 희망도 의미도 없는 궁지 속으로 내몰려도 우리는 계속 나아갈 수밖에 없다. 그때 비로소 우리는 최상에 도달한다. 그러니까 행복보다 가치 있는 것은 위엄을 지니는 것이다. 그리고 안락사로 브레닌을 보내는 장면.

 나는 브레닌이 없는 삶을 받아들일 수 없었다. 춥고 어두운 1월의 어느 날 밤, 내가 브레닌을 랑그도크에 묻고 하나님을 향한 분노로 거의 죽을 지경으로 술을 퍼마시던 때, 나는 가끔 내가 그날 밤 정말로 죽은 것처럼 느낀다. 살을 에는 추위와 장례식용 모닥불에서 번지던 밝은 빛의 온기. 그 안에서 인간 조건의 근원을 찾아본다. 희망 없는 시간이 당도한다면 늑대의 냉정함으로 살아나가야 한다. 힘들고, 차갑고, 우리를 움츠러들게 하는 순간들이 삶을 가치 있게 만든다. 결국 우리의 담대한 도전만이 우리를 구원하기 때문이다. 나는 언제까지나 나의 늑대 형제를 기억할 것이다.

삶을 공유하는 과정에서 얻은 교감 가운데 늑대는 그의 빛이었고 늑대가 드리우는 그림자 속에서 그는 자신의 모습을 발견할 수 있었다. 우리의 순간들은 타인에 대한 기억을 통해서만 우리의 것이 된다. 누군가를 기억하는 가장 중요한 방법은 그들이 형성하도록 도와준 자신의 모습으로 살아가는 것이다.

> 녀석은 떠났다. 나는 브레닌이 처음부터 존재하지 않았다고 생각하고 싶다. 그가 앨라배마에서 어미 품속에 묻혀 몸을 웅크린 채 편히 쉬고 있다고 생각하고 싶다. 노크더프에서 수줍은 아일랜드의 태양이 떠오르는 안개 싸인 황금빛 보리밭 위를 뛰어다닌다고 생각하고 싶다.
> 오랜 시간이 걸렸지만 결국 나는 내가 왜 그토록 브레닌을 사랑했는지, 또 녀석이 떠난 지금 이 순간 왜 그토록 그리움에 몸부림치는지를 깨달았다. 브레닌은 내 고대의 영혼 속에 살아 있던 늑대를 일깨워 주었기 때문이다.

그는 늑대를 통해 변했다. 40년간 론 울프(lone wolf 무리를 짓지 않고 혼자 사는 늑대)로 정처 없이 표류하며 사람을 싫어하던 그는 드디어 인간에게 돌아왔다. 그리하여 결혼도 하고 자녀도 낳아 큰아들에게 브레닌이라는 이름을 물려줬다.

많은 대중 철학서들이 존재를 성찰하지만 대체로 체감온도가 별로 높지 않다. 그런데 이 책에서 언급하는 명제들은 결코 공허하지가 않다. 삶에서 우러나는 체득으로 점철된 철학이 진솔하게 다가오기 때문이다. 그래서 생생하다. 그것이 이 책의 매력이다. 밑줄을 긋게 만드는 많은 명문장들을 통해 그는 이 모든 것을 늑대에게서 배웠다고 했다.

신선하고 명쾌한 시각과 해석의 논조가 나로서는 대체로 수긍이 간다. 문학적 상상력과 묘사가 어떤 이들에게는 거북할 수도 있을 것이다. 논리적으로 따지려고 들면 비약도 노출된다. 그런데 그런 허점이 오히려 이 책을 대중과 가깝도록 했을 것이다. 당의정을 입힌 철학이라고나 할까. 입 안에서 단물을 녹이다보면 그만 깊숙이 사유의 세계에 발을 들여놓고 있는 자신을 발견하게 된다.

이전의 어떤 철학자도 시도하지 않았던 방식으로 그는 철학을 말한다. 그토록 많은 경험과 폭넓은 사유와 문학적 문채의 아름다움까지, 한 권의 책이 선사할 수 있는 최고의 것을 이 책은 담고 있다. 혹자는 동어반복이 심하다고 하지만 나는 오히려 그와 같은 반복은 이해를 돕는 복습효과로 여긴다. 한 번 언급으로는 일반 독자들을 제대로 설득하거나 이해시킬 수 없다. 풍부한 비유와 즐비한 철학적 개념들의 나열이 이처럼 부담 없이 격의 없이 내게로 전해질 수 있다니.

책은 감명 깊었으되 내 삶은 여전히 그저 이렇게 피상적일 수밖에 없다. 저자가 그토록 강조하는 '최고의 순간'을 경험해 보지도 못하고 그가 늑대를 통해 변신한 것과 같은 변화도 만들어내지 못하니 문제는 '살아있는 체험의 부족함'이다.
 그래도 순하고 사랑스런 우리 집 고양이 '미니'가 품속에서 따뜻하고 이렇게 좋은 책이 곁에 있는데 뭘 더 바라겠는가.

님은 먼 곳에

 멀리서도 알 수 있었어요. 가슴이 뛰었으니까요. 나뭇가지 살랑거리는 바람결의 기척이었는지요. 햇살의 반짝거림이 지어내는 눈짓이었는지요. 들녘 먼 곳으로부터 손톱만큼의 자취가 점점 크게 다가와 저만치에서 모습이 선명해질 때면 숨이 막히는 것도 같았지요. 수줍은 시선과 은밀한 미소, 가슴께를 지그시 누르는 통증의 감미로움. 갑돌이와 갑순이는 서로에게 그런 존재였답니다.
 갑순이는 갑돌이가 참 좋았어요. 그렇지만 마음과는 달리 말도 변변히 못 붙이고 허둥대기만 했어요. 다른 머슴애들과는 농도 잘 하곤 했으면서요. 그러다가 그만 혼인날이 잡혔어요. 이웃동네로 시집을 가야한대요. 어머니와 고모와 숙모와 여러 아주머니들이 집안에서 분주했어요. 햇솜으로 이불도 꾸미고 알록달록 물색고운 옷감으로 바느질도 한창이고요. 갑순이는 허전한 마음을 가눌 길이 없었어요. 속절없이 눈물만 훔치는데 외숙모는 친정 떠나기 섭섭해서 어쩌누, 어깨를 다독여 주었어요. 남의 속도 모르고요.

　갑돌이는 갑순이가 참 좋았어요. 그래도 가슴만 두근두근, 내색은 엄두도 못 내었지요. 그러다가 그만 갑순이는 천지가 꽃으로 덮이던 어느 봄날, 이웃마을로 시집을 가버렸어요. 조그만 점으로 사라져가는 신행 무리를 지켜보며 몸속으로부터 무언가가 휙 빠져나가는 듯 했지요. 끼니때가 되면 밥상머리에서 숟가락질이 헛돌았어요. 먹성 좋던 애가 봄을 타나, 걱정스레 바라보는 어머니의 모습이 흐릿했답니다. 뒤질세라 갑돌이도 장가를 갔지요. 장가들기 전날 밤, 휘영청 밝은 달 아래 갑돌이는 불그레하게 물든 눈을 자꾸만 껌벅거렸습니다.

　갑돌이도 갑순이도 가슴 한 구석이 뻥 뚫린 채로 세월이 용케 갔습니다.

　갑돌씨는 요즘 들어 부쩍 회고의 분위기에 휩싸입니다. 겹겹이 쌓였던 계절들이 줄행랑쳐버린 듯이 회상의 무대에는 늘 먼 과거의 처녀가 등장합니다. 달빛 받은 배꽃같이 영롱하던 갑순이의 모습처럼 자신의 영혼이 가장 순결한 시절이었습니다. 에이, 풋사랑이었어. 키가 크듯이 마음도 자라느라고 열병을 좀 앓았지. 성장통? 그런데 살면서 그렇게 순수하고 그렇게 애틋했던 마음은 좀체 다시 오지 않더란 말입니다. 아련히 애석한 감정에 잠기는 추억여행은 슬픈 듯 감미롭습니다.

무난하게 살아왔습니다. 거창한 꿈과 이상의 실현을 위하여 몸과 마음을 불태운 삶은 아니었지만 칠난팔고七難八苦를 겪으며 신산한 삶을 살아온 것도 아니었지요. 딱히 자랑스레 이룬 것은 없어도 회한서린 인생도 아니었습니다. 그냥저냥 소박하고 무던하였답니다. 그다지 자신을 내세우지 않고 지그시 스스로를 누르고 은근하게 안으로 삭이며 나이 들어갔어요. 일가 대소사에 정성을 기울이며 생활의 때를 묻혀가면서 될수록 욕망을 외면하며 가족의 일원으로 안온하게 살아온 인생입니다. 자식들 잘 건사한 것이 가장 뿌듯하지요. 화끈한 맛은 없었지만 그런대로 다행스럽게 한 세상 살아내었답니다.

그래도 살면서 마음속에 그리움 한 자락 품을 수 있어서 다행이었습니다. 현실이 팍팍하고 짜증스러울 때 회상 속으로 도피할 수도 있었고요. 애타는 마음 다 내려놓고 나니 사랑했던 마음이 아름다운 추억으로 채색되더군요. 젊은 날의 풋풋함, 그 소중한 비밀이요. 흥, 나도 지순한 심성을 지닌 때가 있었어. 세상아, 너희들은 결코 모르지? 티 없이 맑았던 내 마음의 청정시대를. 비록 빛바랜 추억일망정 그마저 없었다면 갑돌씨의 인생이 얼마나 삭막했을까요, 어디에서 위로를 받았을까요.

신문에서 TV에서 드물게는 주변에서 들려오는 어떤 소식들에 갑돌씨는 막연히 설레곤 합니다. 주위의 반대에도 사랑을 키우던 청춘남녀가 만난萬難을 무릅쓰고 결합하였다는 말에 속으로 박수를 보내고 주먹을 불끈 쥐지요. '잘 살아야 해.' 그러면서 스스로 의아해집니다. 마른 장작 같은 가슴에 물기라곤 조금도 남아있지 않다고 생각했는데 정열의 기미 같은 것을 느끼기 때문입니다. 그런데 왜 하필 남의 애정행각에 자기의 가슴이 뛸까요. 소위 대리만족인가요. 사랑의 도피행을 택한 이들이 마냥 부러워지면서 자신의 인생에 대해 뭔가 억울한 느낌이 듭니다. 남의 인생 대신 살아온 것 같고요.

뭐, 유별나고 요란한 연애 끝에 결혼하여 사는 이들도 사노라면 자기들의 무모한 행동을 땅을 치며 후회할 때가 수두룩하지요. 에고 내 팔자야. 내가 그때 눈에 뭐가 단단히 씌웠지. 갑돌씨는 그런 말을 함부로 내뱉는 그들이 부러웠어요. 왠지 삶의 빛깔이 더 진한 것으로 느껴졌지요. 행복도 불행도 선명한 그들에게서 겉치레 삶의 공허함이란 없이 오로지 강렬한 생명력을 느끼기 때문입니다.

어쩌면 그리도 어수룩했는지요. 표현하지 않으면 아무 것도 아니라고 뉘우치는 마음이 사무친 건 나중이고 모르는 척, 안 그런 척, 고까짓 것 하고 말았으니까요. 그렇게 희미하게 살아왔으니 참으로 싱거운 인생입니다. 그때그때 현실에, 자신의 욕망과 감정에 솔직하여 문턱을 뛰어넘는 용기를 내지 못한 자신을 탓해봅니다. 열정도 부족하고 소심한데다가 주변을 지나치게 의식한 때문이었습니다. 결핍감이 인간을 성숙시키고 동력을 주어서 예술가들은 그를 승화시켜 위대한 예술작품을 만들어낸다고 하더군요. 예술이고 뭐고 좌우간에 그보다는 진한 행복, 진한 충만감이 더 절실한 것을. 갑돌씨는 이런저런 상념 끝에 단언합니다. 마음 그까짓 것 다 소용 없어. 우리의 오감에 와 닿는 것만이 진짜야. 인생을 온몸으로 살지 않으면 그저 속절없이 세월만 가고 말아. 그러니 살아오면서 자기가 과연 진정한 행복을 느꼈던 적이 있었던가, 미심쩍어집니다.

그래도 우리의 갑돌씨에게 오늘의 희망은 정분이 나서 야반도주하는 남녀가 어제도 있었고 오늘도 있고 내일도 있을 거라는 것이지요. '너는 나처럼 살지 마.' 그는 혼잣말을 해봅니다. 그저 많은 이들이 사랑을 맘껏 주고 맘껏 받으며 진하게 살기를 간절히 바랍니다. 그들의 짜릿한 행복을 축복하는 많은 갑돌이와 갑순이들은 모두 들러리, 그리고 허울 좋게도 사회를 지탱하는 울타리라나요. 가소롭지요.

말년에 이른 사람들은 후회한대요. '그때, 그만 사고 칠 수 있었는데!' 그예 사고를 치지 못한 많은 갑돌이와 갑순이들이 결혼을 하고 부모가 되고 늙어갔습니다. 바보들, 이 땅의 바보들이었답니다. 그래서 유독 이루지 못한 사랑에 대한 노랫말들이 이토록 넘쳐나는가 봅니다.

갑돌씨는 살다가 삶의 무미無味함으로 마음이 적막강산이어서 외로움이 스멀거릴 때 누군가가 만들어 놓은 노랫말을 가만히 되어봅니다.

사랑한다고 말할걸 그랬지
당신 아니면 못 산다 할 것을
님은 먼 곳에

사다리 오르기

−남사 정봉구 선생님의 '꿈과 꿈' 에 대하여

〈꿈과 꿈〉을 펼쳐든다.
 돌아가시던 해에 출간된 마지막 수필집의 제목이기도 한 이 작품에는 선생님 일생에 대한 회고가 실려 있다.

 향리에서 시작한 중학교 교사 생활, 한때는 농촌 청소년에게 희망을 심어주며 심훈의 ≪상록수≫ 마을을 건설해 보려는 생각도 있었다. 그러나 나의 동경은 곧 서울로 옮아갔다. 그리고 기어이 서울에서 중학교 교사로, 다시 고등학교 교사로 사다리 타기를 계속했다. 그 다음으론

대여섯 개 대학의 강사 생활을 거쳐 어렵게 전임 교수가 되었다. 그나마 대학에서도 자리를 한 번 더 옮기고서야 정년을 맞았다.

힘겹게 사다리를 오르는 곤고한 삶의 여정 중에 선생님은 늘 불안하고 쫓기는 심정이었다. 좀 더 나은 현실을 위한 돌파구를 모색하고 추구했던 와중에 쉽게 살고픈 욕구도 만만치 않았을 것이다. 그 초조한 마음의 상태가 번번이 출석부와 교재를 들고 보이지 않는 교실을 찾아 헤매는 비슷한 꿈으로 나타나곤 했다. 선생님은 그러한 꿈의 원인을 분석하여, 현상유지를 위한 직장일과 학문탐구로 쏠리는 진취적인 야망 사이의 줄타기에 의한 심리적인 고뇌를 피력했다.

'꿈과 꿈'에서 첫 번째 꿈은 현실에서의 이상이고 나중의 꿈은 선생님의 일생을 따라다닌 일종의 강박관념이 꿈으로 나타난 것이다. 그러니 꿈(이상)이 없었다면 꿈(악몽)도 꾸지 않았으리라는 역설이 성립한다. 이상과 희망을 추구하는 삶은 또한 그 무게만큼의 짐을 짊어져야만 하는 것인지도 모른다. 그에 대해 선생님은 "꿈과 꿈이 엇갈리는 삶의 무늬들을 어떻게 해석해야 할는지, 판단하기 어려우니 그저 생각해 볼 뿐이다."고 하였다. 이것이 오랜 시간에 걸쳐 수많은 번역서와 수필집을 내고 불문학자로서 수필가로서 확연한 족적을 남긴 선생님이 회고하는 자신의 평생에 대한 담담한 소회다.

선생님은 퇴직 후, 수필교실을 꾸려가는 일에 열심을 기울였다. 대부분 평범한 주부들이었던 수강생들은 미처 피워보지 못한 자신만의 꽃 한 송이에 대한 소망이 있어 조심스럽게 이 수필 교실의 문을 두드렸다. 선생님은 그들에게 생활 속에서의 작은 꽃다발을 안겨주길 희망하였다. 꾸준히 많은 이들을 기성문단의 귀퉁이에 밀어 넣는 작업에 몰두했다.

밖에서는 수필가들의 남발을 걱정하고 안에서도 자성의 목소리가 끊이지 않는 가운데도 모든 일에는 그 나름의 보람이 있지 않겠는가, 수필계에 작은 활성화에의 계기가 되지 않겠는가, 문하생들을 격려하였다. 아마 그것은 선생님이 살아온 삶의 방식의 한 연장이 아니었나 싶다. 되도록 많은 이에게 노력하면 응분의 대가가 주어지는 기쁨을 누리게 해주고 싶었을 것이다.

한 편 선생님은 작품 속에서의 고백과는 다른 모습도 많이 보였다. 그리고 그 부분이야말로 선생님의 진면목이라고 생각한다. 삶에 몹시 초연했는데, "오늘 죽어도 별 여한이 없다. 나름으로 최선을 다하여 여기까지 왔고 그 와중에 이렇게 저렇게 인연이 얽힌 사람들로부터 두루 두루 사랑도 듬뿍 받았다. 더 무엇을 욕심내겠는가?"라고 스스로의 인생 발자취에 대하여 만족감을 표하였다. "지금 참 행복하다, 그러니 이쯤에서 생을 마감해도 좋지 않겠는가."라고 누누이 강조하였다. 한눈팔지 않고 열심히 살아가는 가운데 운도 그다지 나쁘지 않았다. 치열하되 과하지 않게 스스로를 가누며 살아가는 가운데 절제미와 지성이 어우러진 품격 높은 수필세계도 이루었다. 그런 분도 회의와 갈등이 내재된 인생의 미로 속에서 매번 초조하게 헤매는 꿈을 꿀 수밖에 없었다.

> 지나간 세월의 명암을 돌이켜보며 꿈과 꿈 사이의 묘한 아이러니를 생각한다. 애당초 내가 첫 출발한 향리의 중학교에서 그대로 교직을 마무리했다면 어찌 되었을까? 그 생활에서 안분지족하였다면 부질없는 꿈에 쫓기는 일도 없지 않았을까… 모를 일이다.

성취욕구의 사다리를 열심히 오른 덕에 선생님은 많은 것을 이뤘다. 그럼에도 불구하고, 선생님의 일생에 대한 나의 생각은 '선생님, 잘 하셨어요.'도 아니고, 그렇다고 '선생님, 왜 그러셨어요?'도 아니다. 조촐하게 욕망의 사다리를 외면하고 살았더라면 어땠을까. 더 행복했을까, 아니면 못내 저버린 옛 꿈이 내도록 애석했을까. 그러나 '만약에'라는 가정은 부질없을 뿐이다. 어차피 누구의 인생도, 결국은 다 그렇게 될 수밖에 없는 외줄기의 길을 가는 것이 아니겠는가. 저 길로 갈 수도 있는데 이 길로 접어드는 것이 아니라 하필이면 이 길로 가야만 하는 어떤 필연일지, 운명일지.

선생님에게 등 떠밀려 수필동네를 기웃거리게 된 사람들 중의 하나인 내가 종내에는 '선생님, 당신이 옳았습니다.'하고 말할 수 있을지… 아직은 모를 뿐이다.

쇼핑생활백서

I shop, therefore I am. -Barbara Kruger

엄청난 패셔니스타인 최 사장의 말은 의외였다. 옷을 장만하는 일이 여의치 않다는 것이다. 사업체를 경영하는 그녀는 한가하게 백화점에서 서성거릴 틈은 당연히 없다. 고정디자이너에게 옷을 맞추는데 가봉을 해야 하는 등이 무척 번거롭다고 얼굴을 찡그린다. 기타의 패션용품들은 시간절약을 위해 사무실에 대령시켜 고른다.

재력가인 박 여사는 이사람저사람이 걸쳐보거나 손을 댄 옷 등속을 사는 것을 극도로 꺼린다. 같은 물건이라도 그 가치가 현저하게 떨어진다고 여긴다. 그래서 바겐세일이 끝난 후에 신상품이 진열되는 첫 날을 잡아 쇼핑에 나선다. 돈을 팡팡 쓴다고 하여 '팡팡족'이라고 불리는 이런 고객을 백화점에서는 제일 반긴다고 한다.

　중산층에 속하는 영희 씨는 같은 물건을 남들보다 싸게 사는 것이 자랑이다. 자기만의 쇼핑 노하우를 지니고 있다고 생각한다. 정상가의 십분의 일 가격에 멀쩡한 물품을 잘도 구입한다. 원하는 것을 척척 손에 넣을 수 없기 때문에 궁리도 많고 발품도 팔아서 유행을 타지 않는 자기만의 스타일을 추구한다.

　복지사로 일하는 민경 씨는 박봉으로 살림을 꾸린다. 여러 경로로 생활에 필요한 물건들을 충당한다. 어느 날은 거의 새 것 같은 가전제품들이 생겼다고 신나하더니 미소를 지우며 시무룩해진다. "그런데요, 한편 서글퍼요. 난 왜 맨날 이렇게 남의 것이나 얻어 쓰고 사는지." 젊고 예쁜 그녀지만 경제적인 여유는 당장의 그녀 몫은 아닌 모양이다.

　경제력에 따라 소비패턴은 천차만별이다. 당신의 처지는 위의 네 유형 중에 어디에 가까운지? 소비사회에서는 제아무리 현실에서 비껴가려는 사람일지라도 다소간의 쇼핑생활을 피할 수는 없다. 어떤 물건을 어떤 방식으로 구매하느냐에 따라 그의 사회적 지위, 가치관, 취향이 낱낱이 드러난다. 그래서 산업사회를 비판적 시선으로 바라보는 개념미술가인 크루거의 '나는 쇼핑한다, 고로 나는 존재한다.'는 명제는 '나는 생각한다, 고로 나는 존재한다.' 못지않은 의미심장함을 획득한다.

You are not yourself. -Barbara Kruger

상가에는 언제나 물자들이 넘쳐나지만 수많은 공정과 물류의 과정을 거쳐 진열대에 오르는 낱낱의 상품화는 간단치 않다. 선택을 기다리는 물건들을 집어 들어 가치를 지불하는 경제활동도 또한 간단한 일이 아니다. 계산대 앞의 사람들 표정은 다른 무엇을 할 때보다 진지하여 어느 때보다 자신의 면모를 드러낸다. 때로 치사하고 때로 엄숙하며 때로 우유부단한 우리 삶의 리얼리티는 쇼핑장소에서 가장 실감할 수 있다고 할 수 있다.

복잡다기한 선택의 기로에서 헤매다 나의 방에 돌아오면 비로소 나는 홀가분한 혼자가 될 수 있다. 그러나 진정한 의미에서 '혼자'가 과연 가능할까. 나라는 존재가 오로지 나의 의지, 나의 이상, 나의 꿈만으로 이루어 질 수 있을 것인가. 온전한 나의 능력만으로는 나의 일상은 무엇 하나 제대로 꾸려지지 않는다. 전 세계 구석구석의 원자재와 이름 모를 누군가의 수고에 힘입어 나는 오늘 먹고 입고 사용하고 소모한다. 나를 이루는 많은 것들, 많은 것들로 이루어진 나. 어디까지가 나의 모습일까. 진면목이라는 것이 과연 가능하기는 한 것일까.

다시 크루거를 들먹인다. '당신은 당신 자신이 아니다.' 이 명제 뒤로는 방사형으로 깨져 금간 거울에 비친 여인의 얼굴이 여러 모습으로 분리되어 비친다. 여인의 참모습은 그 어느 조각도 아니지만 동시에 그 모든 조각이기도 하다.

비유컨대, 글을 쓰는 일과 책을 만드는 일은 참 많이 다르다. 글 한 편을 완성하는 것은 누구의 간섭이나 협조 없이 이루어지므로 거기에는 홀로 하는 작업의 즐거움이 있다. 반면에 책을 만드는 일은 많은 이들의 수고로움과 기계설비의 도움이 없으면 불가능하다. 따로 또 같이, 그것이 인생이다.

많은 이들이 만들어져 나온 자신의 책에 불만을 표한다. 기대에 미치지 못할뿐더러 엉뚱한 결과라며 당혹해하기도 한다. 과연 책 만들기는 내 맘대로 척척 되는 일이 아니어서 그 때 영화감독을 생각했다. 서적출판을 영화제작의 복잡함과 견줄 수는 없겠지만 아무튼 혼자만의 작업이 아니라는 공통점이 있다. 아무리 완성도를 추구하여도 일정부분의 체념을 수반하지 않을 것인가.

이렇게 만들어져 세상에 나온 책은 누군가에게 이끌려 선택되어지기를, 그래서 익명의 독자의 서가를 장식하게 되기를 갈망하며 때를 기다린다. 마음의 양식이라는 책도 소비패턴으로부터 떨어져 있지 않다.

I am who I am, am I?

복식과 패션에 대한 강의를 들을 때였다. 복식사를 더듬어 현재에 이르면 유명 디자이너를 말하고 그러면 자연히 명품 브랜드 이야기를 안 할 수 없다. 그런데 강사의 간절하면서도 단호한 마무리 메시지는 인상적인 반전이었다. "여러분들, 제

발 명품에 기대지 마세요."

　명품에 기대지 않고도 멋도 불릴 수 있고 세련된 차림을 할 수도 있다. 자기과시라든가 존재감의 부각이 꼭 브랜드의 힘을 빌려야만 가능한 것도 아니다. 아니, 명품에 기댈수록 그 자신의 개성은 오히려 줄어들기가 십상이다. 명품 소비의 그림자에 획일화의 함정이 들어있기 때문이다. 천편일률의 외관에서는 상상력의 한계와 빈곤이 느껴져서 명품은 개성 말살의 주범이 될 수도 있다.

　3초에 한 번 씩 눈에 띈다고 하여 '3초 백'이라고 불리는 루이뷔똥 가방이 우리나라에서 인기를 끄는 요인을 누군가가 분석하였다. 소심하여 남의 눈에 두드러지는 것은 기피하는 반면에 고가의 가방을 통해 우월감은 즐기고 싶은 우리나라 사람들의 성향에 잘 들어맞는다는 것이다. 명품족의 그룹에 합류하고 싶다는 열망은 주체성을 상실하고 종속되어버린 '남 나름'에 따른다는 획일화와 평준화의 산물일 것이다. 추종자의 신세를 못 벗어나는 '남 나름'이라니, 남의 잣대에 나를 맞춘다는 슬픈 자화상이다.

　사실 패션은 단순히 유행이기만 한 것이 아니라 상상의 산물이기 때문에 소중한 것이다. 다르면서도 동일한 흐름을 타고, 같으면서도 미묘하게 차이를 드러내는 멋을 풍길 수 있다면 좋을 것이다. 그러한 상상을 표현해내는 오브제도 또한 소중하다. 그래서 나는 명품의 존재를 존중하지만 소비하지는 않는다. 흔히들 파리에는 패션과 개성이 있고 서울에는 유행과 획일화가 있다고 말한다. 심지어는 얼굴까지도 유행에 따라 성형을 하는 추세임에랴.

취향과 안목과 감동의 스펙트럼은 폭과 깊이가 다양하다. 스탕달이 귀도 레니의 그림 앞에서 감동으로 쓰러졌다고 하여 모든 사람이 '스탕달 신드롬'을 경험할 이유는 없다. 야구장에 가면서도 레이스 달린 블라우스를 입어야하는 사람이 있고 결혼식 피로연에 가면서도 청바지에 캡을 쓰고 가야만 직성이 풀리는 사람도 있다. 다양한 취향은 사회의 활력을 이끌어내기도 한다. 북한사회의 획일성은 그 외모의 경직성에서 이미 충분히 느껴진다.

크루거의 작품을 감상하며 나도 명제 하나를 만들어 봤다. "나는 나다, 과연 그럴까?" 나는 나에게 속한 것 속에서 편하다. 반면에 내게 속하지 않은 것을 원하여 불편을 기꺼이 감수하려고 한다. 어렵거나 벅찬 것, 새롭고 낯선 것에 대해 열린 마음을 가지려고 노력한다. 그러다보면 취향은 변하기도 한다. 기대면서 밀어내는 길항 속에 나는 오늘도 무엇을 선택하여 내 삶을 풍요롭게 할 것인가, 무엇을 덜어내어 내 삶을 단출하게 할 것인가를 고민한다. 진지하게.

내 아버지의 작명법

여동생의 약혼식 때였다. 약혼자가 아버지에게 동생의 이름에 대해 항의 아닌 항의를 하였다.

"아버님, 두 언니와 동생이 모두 외자 이름인데 왜 셋째 딸의 이름만 두 잡니까? 다른 자매들하고는 얼굴 모습도 다른 것 같은데 혹시 주워온 딸 아닌가요?"

아버지가 특유의 너털웃음을 터뜨리며 변명 아닌 변명을 시작하였다.

"첫아이가 아들이었을 때는 아주 기쁘더군. 아들이 있으니 다음은 딸이었으면 했는데 마침 딸이야. 반가웠지. 세상이 내 맘대로 되는 것 같더라구. 그래서 세 번째는 아들을 기다렸는데 그만 딸이야. 약간 섭섭했지. 그러다가 셋째 딸까지 낳고 나니까 너무 섭섭해서 울고 싶은 심정이더구먼. 하지만 서운

한 마음인 게 한편으로는 아이에게 미안해서 이름만은 세상에서 제일 예쁘게 지어주려고 마음먹었지. 그래서 궁리 끝에 지은 이름이 아름다울 미美에 비단 라羅, 미라라는 이름이야. 그런데 보라구. 내 선견지명이 제대로 들어맞아서 이름처럼 외양도 마음도 예쁘게 자라지 않았나."

미라라는 이름은 지금이야 흔한 이름이 되었지만 60년대에는 독특한 이름이었다. 동생은 하얀 피부 큰 눈으로 이름에 어울리게 얼굴도 서양사람 같다는 소리를 많이 들으면서 컸다. 사실 아버지는 셋째뿐만이 아니라 딸들 모두의 이름을 가지고 당신의 선견지명을 자랑하시곤 했다.

항렬 상으론 우리 형제의 이름에는 주석 석錫자를 붙여야 한다. 그래서 첫 아들의 이름은 형석亨錫이라고 무난하게 지었지만, 아버지는 석錫자 항렬은 여자아이의 이름으로는 걸맞지 않다고 생각했다. 매사에 무난한 것보다는 특이한 것을 좋아하시는 취향도 한 몫 했다. 그래서 두 딸이 숙淑과 옥玉이라는 외자 이름을 갖게 되었으며 당시의 서구화 바람을 타고 서양 어감語感이 드는 미라라는 이름도 생겨나게 되었다.

1남 3녀를 얻은 후 부모님은 더 이상의 자식을 원치 않았다. 그렇지만 어디 인생이 계획대로 되던가. 뜻하지 않게 임신과 맹장염 수술이 겹쳐지는 바람에 어머니는 예정에 없던 다섯째 아이를 낳아야했는데 이번에도 또 딸이었다. 넷째 딸을 아버지는 서운해 하지 않았다. 아버지가 막내의 이름으로 꽃부리 영英자를 정하던 그 밤이 생각난다. 모처럼 일찍 들어오신 날, 갓난아기를 흐뭇하게 내려다보시며 "예쁜 이름이지?" 하고 올망졸망 모여 앉아 있던 우리에게 의견을 물으셨다.

이렇게 드문드문 몹시 가정적이고 자상한 모습을 보일 때도 있었지만 대개는 식구들에게 무턱대고 무섭고 엄격한 아버지였다. 아마도 너무 젊은 나이에 자식을 두어서 부모노릇의 중압감에 자식들의 존재가 부담이 되었을 지도 몰랐다. 그렇던 아버지는 넷째와 터울이 지는 다섯째 자식에게서 비로소 진한 부정父情을 느끼셨던 것 같다. 커 가는 것을 안타까워할 정도로 막내를 애지중지하였는데 그 정도가 무절제에 가까울 지경이었다. 막내는 넘치게 영리하고 못하는 것 없이 재주가 많았다. 막내라서 귀엽기도 했겠지만 아버지는 더욱 동생의 재주를 사랑하였다.

아버지는 딸들의 이름에 늘 스스로 감탄해 마지않았다. 첫째 딸 숙은 정숙하고 둘째 딸 옥은 영롱하고 셋째 딸 미라는 사랑스럽고 넷째 딸 영은 영특하다고 했다. 한문에 웬만큼 조예가 있는 분이 제대로 된 말뜻을 몰라서 그런 해석을 내렸을 리는 없고 단지 아버지의 딸들에 대한 희망을 그렇게 투영하신 것일 것이다. 이름이 자식들의 성격과 됨됨이에 너무나 잘 들어맞는다고 주장하셨던 것도 그런 모습의 인간이 되어줄 것을 깊이 바라셨기 때문이리라.

아버지는 아마 첫째 딸에게서 숙부인淑夫人의 현숙함과 기품을 기대하였을 것이다. 한 큰 인물의 내조자로 손색이 없을 모습을 상상하였다. 둘째 딸은 어려서부터 남들 앞에 나서기 좋아하고 리더십과 학구열을 겸비했으니 공부 많이 하여 큰 재목이 될 것을 희망하셨다. 무엇보다 그의 진지하고 열정적인 생활 자세에서 아버지는 옥구슬이 지니는 영롱한 빛을 보셨다. 아버지는 또, 셋째에 대해서는 살다가 만약 눈비 몰아치는 날, 춥고 외로울 때가 온다면 이 아이가 나에게 따뜻한 위안이 되어 주리라고 그의 모습을 그렸다. 특히 막내에게는 대단한 기대감을 공공연히 나타내시곤 했다. 이모저모 재주가 많은데다가 사근사근 연한 배 같은 성격으로 사람들에게 어필하는 매력이 있으니 무엇으로든 간에 세상에 명성이 나는 일을 할 것이었다.

아버지의 이름에 대한 해석에 딸들은 대체로 시큰둥했다. 아버지는 한때 문학청년이었다면서 어쩌면 딸들 이름을 이렇게 성의 없이 흔한 글자로 지으실 수가 있냐, 일례로 서울 변두리나 시골 소읍을 지나다 보면 숙 미용실이나 영 다방이 어김없이 눈에 띄지 않느냐고 우리끼리 화기애애, 농담거리로 삼곤 했다.

우리가 평범한 자신들의 인생살이에 별 유감이 있든 없든 그것은 별개로 하고, 딸들은 하나 같이 아버지의 성급한 선견지명을 배반하며 변변치 못하게 사는 폭이다. 그러나 이제는 돌아가시고 안 계신 아버지의 기대가 결국 착각에 지나지 않은 것이었다고 하더라도 그것이 당신 나름의 부정父情의 발로였을 바에야, 네 자매의 가슴에는 언제나 사라지지 않는 한 줄기 햇살로 남아 있어 그로 말미암아 나날의 생활을 반성하는 것이다.

되돌아보니 미안한 마음은 온통 오빠에게로 향한다. 자라면서 늘 여동생들이 설치는 통에 남의 집 외아들이 누리는 대접은 한 번도 제대로 받아보지 못했다. 아버지가 오빠를 다루는 모습은 나에겐 여러모로 부당하게 비쳤다. 외아들을 향한 너무 큰 기대와 그에 따른 어쩔 수 없는 조급한 마음 때문이었을 것이다. 그래도 오빠는 불평 한마디 없었는데 그러려니 하고 참아 넘길 수 있었던 것은 그가 이름자에 형통할 형亨자를 가지고 있는 덕이었을까.

생각해 보면 이름대로 되지 못한 것은 우리 뿐은 아니다. 할아버지는 아버지의 이름으로 항렬자인 궁정 정廷자에 선비 언彦자를 취하셨으니 이름대로라면 정승판서의 격에 올라야만 했을 것이다. 아버지는 평생을 세상살이의 경영에 성실하셨으나 행운과 불운을 두루 엮은 일평생에 말년이 그리 편안하지는 못했다.

여러 사람들로부터 내 이름에서 글 쓰는 사람의 분위기를 느낀다는 말을 더러 듣는다. 그러한 찬사는 애초에 아버지가 품었던 희망사항으로부터는 한참을 비껴간 것이리라. 그러나 나는 사람들이 나의 이름에서 맑은(淑) 기색으로 천천히(徐) 나아가고 있는 어떤 연상을 떠올릴 수 있었으면 하는 마음으로, 그러한 문학적 여운을 남겨주신 아버지의 어긋난 선견지명을 기린다.

3부

그대, 내 사랑에 감읍하지이다
저 푸른 들에 나의 아름다운 황금소를 누이노라
일부러 길을 잃다
그는 비우고, 그녀는 채우고
이 밝음
나도 모르게 두리번거렸다
자기연민을 떨치려면
빈 방에 창문 하나
시를 써보고 싶었다

그대, 내 사랑에 감읍하지이다

청어, 인체가 지니지 못한 푸른색을 듬뿍 가졌다.

푸른 물고기 떼, 청정물결 깊은 바다 군무는 꿈결처럼 현악의 선율로 흐른다. 뽀그르르 공기방울 흩뿌리며 모여들다 흩어지는 유연한 춤사위는 무수한 곡선의 향연이다. 가는 듯 오며 오는 듯 가는데 멈출 듯 휘돌아 어지러운 듯 일사불란하여 자유자재의 극치이다. 가느다란 유선형의 몸피 속 투명한 유지는 부드럽게 흐르건만 가냘픈 몸 안쪽 억세지도 날카롭지도 않은 촘촘한 가시가 가지런하다. 그 이름 헤링본은 섬세한 무늬결과 폭신한 촉감을 자랑하는 양모의 따스한 문양이다.

청어는 북태평양 검푸른 심해에서 차가운 수온을 즐기며 깊은 수심을 가르며 유영한다. 그 모습에는 고독한 평화와 망망한 자유가 스친다. 적막과 적요. 그러다가 겨울이면 동해를 찾아와 비로소 푸른 하늘을 본다. 암초들이 많은 연안으로 떼지어 몰려와 무성한 해조류에 산란하며 사랑을 품는다. 봄이 지나면 다시 북으로 북으로 간다.

숭고한 진리의 청색은 등에서 짙푸르고, 무구한 순결의 은백색은 가슴에서 희디희다. 심해에서 차가운 지혜를 길었으니 푸른 등은 진리의 각인이고, 공중에서 뜨거운 사랑을 섬겼으니 하얀 가슴은 사랑의 문신이다. 유유히 활주하던 자유와 평화의 꿈, 멀리 사랑을 찾아 길을 떠나던 자취, 지심한 바다에서 수면으로 올라 드넓은 하늘로 솟구치던 비약, 우주를 품었다.

이러한 청어의 미덕은 낱낱이 인류에게 공헌한다. 소금에 간간하게 엇절여 연기에 그을리면 훈제청어, 찬 바닷바람에 꾸덕꾸덕 말리면 과메기(貫目)가 된다. 북에서 남으로 긴 여정 번갈아 오가며 축적한 다양한 삶의 무늬가 담긴 풍부한 향유는 그 중에도 각별하다. 오메가3라는 이름으로 인간의 두뇌에 필수영양소를 제공한다. 그리고 희고 둥근 비누의 몸을 받아 향기를 얻어 거품으로 세상에 녹아서 자신을 살아낸다. 청어의 꿈이 오랜 염원의 노래에 어린다.

최고의 비누는 가장 좋은 유지와 가장 좋은 물에 향기를 더하여 완성된다. 물과 기름은 원래 섞이는 것을 거부한다. 그러나 비누 속 계면활성제는 이질적인 존재들의 팽팽하게 긴장한 표면장력을 줄여 서로를 섞게 해준다. 혀끝에서 달콤하게 부서지는 아이스크림에서, 여인의 피부에 고요히 스며드는 화장품에서 물과 기름은 은근한 조화를 이룬다. 모든 섞일 수 없는 것들이 경계를 부수고 드디어 스며드니 정화되고 승화하여 순결한 모습을 이룬다. 오묘한 조화의 한 가운데 초월의 경지를 체현한다. 그래서 아이스크림과 화장품과 비누는 모두 우윳빛 흰색이다.

승화에의 염원, 우리의 사랑도 또한 그와 같지 아니한가.

비누는 세상의 때를 보듬어 제 몸을 섞어 상대를 녹인다. 불순한 흔적은 슬픈 운명의 탕아로 자라나 온갖 얼룩진 자취를 묻힌 채 이리저리 헤매면서 굴린 멍자국이 가실 날이 없다. 비누는 청정수에 잠겨 기꺼이 그 상처를 감싼다. 바다에서 품은 사랑을 펼치고자 눈물 아롱아롱 아프게 몸을 부순다. 가장 순수한 것이 가장 누추한 것을 받들어 출렁임의 풍성한 거품에 싸여 상대를 이끌어 한 몸이 된다. 향기로운 비누나 먼지 엃은 속진이나 원래는 같은 존재로 다 같은 물과 기름이다. 때의 물기와 기름기를 비누의 물기와 기름기가 만났으니 다른 모습 속에 동질성을 감추고 있다. 금강석으로만 금강석을 자를 수 있듯이 기름으로만 기름을 녹일 수 있다. 지혜와 온화함으로 거칠음을 이기고 겸손과 희생으로 완고함을 걷어낸다. 물은 대양이 되어 그러한 화합의 열의에 동참한다.

헌신에의 기대, 우리의 사랑도 또한 그와 같지 아니한가.

기쁘게 그대 안으리, 일념으로 열중할 때 비눗방울 속 가득 찬 공기가 사랑의 찬가를 부른다. 아른대는 수백 개의 무지개 환영이 방울방울 영롱하다. 무지개를 낳던 갈망은 드디어 절정에서 터진다. 황홀한 세계가 열린다. 흘러가며 사라지는 존재, 허물어지며 쌓는 온축, 허공 속에 자리 잡는 충만함 가운데 무화의 발걸음이 가볍다. 소멸의 아름다움이 찬란하다. 온전한 합일이다. 마지막 한 방울이 터지고 말면 축제의 끝, 드디어 나른한 평화가 향내로 남는다.
　합일에의 갈망, 우리의 사랑도 또한 그와 같지 아니한가.

　비누거품을 내는 것은 꿈을 되새기는 일. 비누는 본연의 임무에서 오래도록 멀리 있으면 안 된다. 물기를 잃으면 저절로 말라 균열이 생기고 거품도 제대로 일지 않는다. 눈에서 멀어지면 마음에서도 사라지는 법, 쓰지 않으면 굳어버리는 터. 그러니 굳어 균열이 가지 않도록 아끼지 말고 거품을 즐길 일이다. 닳고 닳아 셀로판지처럼 얇아질 때까지, 그리하여 자취를 버리고 혼연일체 되어 사라질 때까지, 기꺼이 소진시키리라. 스스로의 형체를 부정하며 자기 몸을 버려 세상을 구원한다. 마침내 찾아낸, 마침내 찾아온 사랑.
　아낌없는 소진, 우리의 사랑도 또한 그와 같지 아니한가.

　비눗방울 흐르고 흘러 청어의 꿈, 다시 푸른 바다에 이르다.

저 푸른 들에 나의 아름다운 황금소를 누이노라

아침 여섯시, 12월의 어둔 새벽에 추적추적 비는 내리는데 지난밤에 푸른 섬, 겨울에도 푸른 섬 진도에서 아리랑 가락에 취해 술과 여흥으로 도화살을 풀어냈건만 이제 다시 역마살을 풀려고 해남으로 향한다.

내가 얼마간의 역마살과 도화살을 지니고 있다는 느낌이 감미롭다. 준마를 지즐타고 세상을 떠돌며 복숭아꽃이파리를 흩뿌리는 살풀이는 얼마나 멋진 일이냐. 때로는 대금의 웅숭깊은 울림으로 여울지고 때로는 피리의 긴박한 자진모리로 신명날 것 아닌가. '다만 때맞추어 즐거움 다해야 하리.' 일찍이 이런 시구도 있나니.

검은 소 한 마리가 저 멀리 인도로부터 부처와 경전을 등에

싣고 와 이곳 달마산 계곡에 편히 몸을 뉘었고 그를 받들어 신라의 승들이 그 자리에 세운 절이 미황사美黃寺, 美는 아름다운 소를 의미하고 黃은 소의 잔등에 실려 있던 금빛 부처를 가리킨다. 지난밤 찬비에 씻긴 듯, 단청 벗겨져 나뭇결 보드랍게 드러낸 대웅보전 앞에 귀한 보물을 가득 실은 목선의 찬란한 꿈이 아롱진다.

부슬부슬 내리던 비가 그치고 절 주위에 안개가 엷게 번졌다. 그러더니 어느덧 구름이 스르르 밀려가며 홀연히 숨어있던 정경 한 폭을 펼쳐놓는다. 우뚝우뚝 깎아지른 바위산이 산사를 빙 두른 병풍 되어 시야에 가득하다. 감싸고 있는 바위 절벽은 웅장하여 시선을 압도하는데도 옴폭 들어앉은 절터가 호젓하여 아늑하다. 선명하게 결과 명암을 드러내던 산은 어느새 유유히 다가온 물안개로 뿌윰히 흰 장막을 거느리곤 한다.

나는 배타고 물 건너 인도로부터 건너온 검은 소를 개금改金하여 숨바꼭질하는 바위산의 모습에 겹쳐놓는다. 내 안의 황금 소는 나에게 무엇을 싣고 왔었던가. 그리고 나와 어떻게 숨바꼭질을 하였던가. 늘 음악이 흐르고 사철 꽃향기가 맴돌고 시간이 천천히 지나가는 집, 창문의 박공에 새겨진 조각이 아름다운 집에서 나는 하늘하늘 얇은 옷을 입고 무척 맛있는 음식을 조금만 먹고 살기를 바랐다. 그런데 어느 날 그만 나는 영리하게도 현실에는 배경음악이 흐르지 않는다는 것을 알아

챘다. 그러자 주변은 오직 잡다함 속에 향내를 잃고, '무거워, 무거워' 하면서도 여러 겹의 옷을 걸친 나는 쫓기는 허기 속에서 맛없는 음식을 꾸역꾸역 많이 먹게 되었다. 아마도 그만 그 소를 잃은 탓이겠지. 내가 소를 버린 것인지 소가 나를 떠난 것인지 아리송하다. 혹은 내가 슬그머니 고삐를 놓았는지도 모르겠다.

그래도 생각하면 나와 나의 황금 소는 긴 이별 짧은 만남을 반복해왔던 것 같다. 소는 스스로 나를 찾아오기도 하고 내가 소를 찾아내기도 한다. 그러면 나는 '아, 이토록 아름다운 나의 황금소를 내가 잊고 있었다니.' 되찾은 기쁨을 즐긴다. 요행히 그는 여위지도 늙지도 않는 마냥 그러한 자태가 변함이 없이 결코 영원히 사라지는 법은 없다. 그 소는 슬픈 노래 한 구절을 따라오기도 하고, 누군가의 초롱초롱한 눈동자와 마주쳤을 때도 되살아나고, 잠결에 꿈속에서도 사뿐히 내려앉는다. 그러나 결코 오래 머물지는 않는다. 그 소가 내게 내미는 것은 눈에 보이지만 잡을 수가 없고 저 하늘의 별처럼 멀고 아득한 것은 아닐지라도 내 손이 미치지 못하는 곳에 오롯한 것, 분명히 실존하지만 내 것이 될 수 없는 것, 촉감도 생생하게 한 품에 가득 안아보지만 한 순간 거품 되어 사라지고 마는 것이다. 그러나 손에 잡힌 것은 이미 그리움의 대상이 못될 것이기에 감질 나는 안타까움을 사랑하는 법을 배운 나의 삶에 그와의 추억은 채색무늬 곱지 않은가.

약사여래 앞에 업경대業鏡臺가 놓여있다. 업경대에는 한 일생의 파노라마가 펼쳐진다고 한다. 또르르 구르는 연잎위의 이슬 같이 미미한 우리네 일생에 한 인간이 토해낸 한숨의 숫자와 흘린 눈물의 양에 있어 다른 이들과 얼마나 차이가 있을는지. 우리 앞에 놓인 거울은 결국 백설공주의 계모가 가지고 있던 거울과 같다. "거울아, 거울아. 나는 누구니?" 결코 자신의 얼굴을 직접 볼 수 없는 숙명을 지닌 우리는 우리의 진실을 고작 허상에 불과한 거울에게 비춰보고 거울에게 물어본다. 그러니 거울이 제아무리 맑고 깨끗하여도 그 속에서 진실을 찾으려고 하면 곤란하다. 그러나 거기에는 진실보다 더 진실이 되게 하는 환상의 그림자가 있다. 그것은 현실이 내게 주지 못하는 것을 주고 현실보다 더 나를 지탱하는 힘, 누더기를 황금 옷으로 둔갑시켜 누추한 모습이 누추하지 않을 수 있게 하는 힘이다.

"낮에는 별과 달이 나타나고, 밤에는 해가 열리네(晝現星月夜開日)." 응진당에 걸린 주련에는 무한한 편재의 세계가 담겨있지만, 우리의 삶이 어디 그에 미치는가. 낮에는 해를 반기고 밤에는 별과 달을 섬기면 될 것인데, 하필이면 낮에 보이지 않는 별과 달을 찾고 밤에 태양을 가린 어둠을 탓하며 늘 쯧쯧 혀를 찬다. 다다르고자 하나 이미 다다를 수 없다는 것을 알아버린 마음이 그리움 한 자락을 떨쳐낼 수 없어서 하릴없이 가슴에 손을 얹고 망연히 먼 곳을 바라본다.

경내를 한 바퀴 돌고 갓 피어나는 동백과 벗하며 한적한 산책로에 이어진 아름다운 부도 밭도 살피다보니 날은 완연히 개어 눈앞의 초지가 더욱 푸르다. 단풍나무 몇 그루가 나목이 되어 가지에 달고 있던 꽃보다 붉은 이파리들을 이제는 발치에 거느리고 이불처럼 덮고 서 있다. 아직도 고운 빛깔을 잃지 않고 뿌리를 포근히 덮어주고 있는 단풍잎. 나의 꿈도 또한 저런 모습이기를, 이루어지지 않아도 그저 꿈꿀 수 있어 그로써 행복하기를, 꿈만 꾸어도 그것이 나의 일용할 양식이 되기를 가만히 기원해본다. 그리하여 나는 나의 황금 소를 저 푸른 들판에 누인다. 저 곳에서 더욱 아름다우리니 구태여 끌고 가지는 않으련다.

　그러면 오늘은 여기서 그만 안녕.

　살다가 목이 메면 다시 너를 찾으리.

일부러 길을 잃다

 고만고만한 시멘트 건물들이 버스정류장 앞에서 나란히 키재기를 했다. 그 거리를 노후한 버스와 트럭들이 쿨룩쿨룩 해소기침으로 헐떡이며 내빼고 나면, 꽁무니에 흙먼지와 함께 검은 연기가 자욱했다. 희뿌옇게 번지는 매연 저편에는 논과 밭과, 그리고 소달구지가 있었다. 이렇게 도심을 향해 뻗어있는 서울 외곽의 아스팔트길 이편과 저편은 불과 도로 하나를 사이에 두고 도시와 농촌으로 확연히 모습을 달리하였다. 날림으로 세워진 도시는 어설프게 졸속을 드러내고, 풍상으로 납작 엎드린 농촌은 붉은 민둥산을 배경으로 남루를 걸쳤다.
 집과 학교가 길 이편에 있는 아이들이 평소에 길 저편으로 가보는 일은 드물었다. 초등학교 5학년의 여자아이들 다섯 명은 그날 학교를 마치고 약수터가 있는 시골길로 나가보기로 했다. 뭔가 새로운 놀이를 찾으려고 두리번거리던 때였다.

멀리 구릉들을 두르고 시야 가득 펼쳐진 들판에 좁고 꼬불꼬불한 수로가 이어졌다. 아이들은 그 수로를 따라 벌판을 가로질러 이내 제법 수량이 풍부한 시냇물을 만났다. 냇물이 흘러온 쪽으로 경사가 급한 둔덕 너머를 차지한 저수지는 짙은 초록색 물감을 풀어놓은 듯, 미동도 없이 고요하게 잠겨있었다.

마침내 관악산 줄기 아래턱에 약수터가 나타났다. 앞자락이 제법 널찍하면서도 아늑하여 놀이터로 안성맞춤이었다. 여기저기 흩어져 있는 크고 작은 바위들에서, 아이들은 그중 가장 넓적하고 평편한 것 하나를 차지했다. 그즈음 아이들은 연극놀이에 열중하고 있었으므로, 책가방을 한 곁에 수북이 쌓아놓고 그 바위를 노천극장의 간이무대로 삼아, 신데렐라와 장화홍련전이 적당히 섞인 연극을 공연하였다.

무대를 내려와서는 논둑과 밭고랑을 헤매며 한참을 신나게 뛰어다녔건만, 들꽃을 한 움큼씩 꺾어들었을 즈음, 종내에는 노는 것이 시들했어도 아무도 집에 가고 싶어 하지는 않았다. 해는 아직도 한 뼘이나 남아 있었는데, 어차피 날이 저물 때까지는 누구네 집에서도 아이들을 찾지 않을 터였고, 지금 집에 가봐야 갓난아기동생을 업어주든가 하는 귀찮은 일만 기다릴 것이었다.

메뚜기 사냥으로 소란스럽던 한 무리의 사내아이들이 우르르 어딘가로 몰려가버리고 나니 갑자기 하오의 정적이 찾아왔다. 도대체 어른들은 다 어디로 숨어버렸을까. 벼이삭은 누렇게 영그는데 오늘따라 참새들도 어느 곳에서 포식을 하고 오수를 즐기는가, 간간히 서있는 허수아비들만 무료하게 먼 산 바라기를 하고 힘없이 흔들리는 깡통 소리에 오히려 사위가 적막했다. 짧은 순간 다섯 명의 조숙한 여자아이들은 동시에 궁리하는 눈빛이 되었다.

"우리 한번 길 잃어볼래?"

한 소녀의 제안에 여덟 개의 눈동자가 일순 반짝했다. 그 아이가 능선 쪽을 손가락질 했다. 저 능선너머 한 번도 안 가본 곳으로 가보자고 했다. 들풀더미를 무슨 영예의 꽃다발쯤으로 가슴에 안고 그들 다섯 명의 여자아이들은 한 줄로 나란히 낯선 길을 찾아들어갔다.

그리하여 그 가을 날 오후의 숲길에 접어들게 되었는데, 나무 한 그루 풀 한 포기 듬성듬성 성근, 그저 조용할 뿐인 산속에서, 어지간히 놀이에 지쳤는지 긴장 때문이었는지, 아이들은 재잘거리던 것도 멈추고 좁은 오솔길을 따라 타박타박 걸었다. 미지의 길을 찾아 나선 소녀들의 모험은 그런데 싱겁게 끝나고 말았다. 얼마 가지 않아 숭실대학교의 뒷마당에 당도한 것이다. 다시 그들에게 익숙한, 길 이편의 도시로 건너온 것이다.

그래도 대학 교정은 그들에게 그럭저럭 호기심의 대상이 되기는 했으며, 마침 산책하고 있던 대학생 한 명과 말을 나누게 되었다. 그도 몹시 무료한 참이었던지, 얇은 눈꺼풀이 선량해 보였던 그는 아이들에게 썩 친절했다. 아이들은 여러 가지의 질문도 하고 그의 안내로 학교 이곳저곳을 구경하였다. 신학생이었던 그는 진지한 충고도 하였다. 조금 있으면 6학년인데 말만한 처녀애들이 어디를 이렇게 쏘다니느냐, 공부를 해야지. 여자애들은 그 말에 대놓고 시큰둥했어도, 그는 퍽 관대하여서 심심하면 다시 놀러 와라, 싱긋 웃어주었다.

그 교정을 나올 때, 낯선 세계에 한 발 내디딘 기분이 나쁘지는 않았지만 막연한 기대감에는 한참 못 미쳤다. 그래서였는지 그 길 잃기 이후 아이들은 신학생의 충고를 받아들인 것은 아니지만, 아무튼 쏘다니는 것을 그만두고 다른 놀이를 시작했다. 연극놀이는 아무래도 소꿉장난에 불과한 것 같아서 집어치우고, 좀 더 어른스럽고 멋진 일로 여겨지는 소설쓰기라는 새로운 놀이에 몰두하였다.

동시나 작문이 아닌, 줄거리를 갖춘 글을 한 편씩 쓰기로 했는데 능선 너머 길 잃기를 유도하였던 아이도 그의 첫 번째 소설을 시도하였다. '폭풍우가 몰아치는 밤이었다.'로 시작하는 소설은 유괴사건과 삼각관계가 뒤얽힌 것으로, 소녀는 흥미진진하면서도 감동적이라고 자신하였다. 열심히 쓴 것을 수업 시간 중에 아이들에게 돌려 보이다가 선생님께 들켰다. 선생님은 그저 말없이 빼앗아 가셨다가 나중에 돌려주셨을 뿐 어떤 꾸중도 하지 않았다. 그런데 소녀는 그런 선생님이 몹시 야속하였다. 수업 중에 딴 짓 한다고 야단을 치시더라도 글은 재미있었다는 말씀을 기대했던 것이다. 그때 아마도 내심 실망이 대단하였나 보다. 선생님에게 무시당한 소녀의 소설은 이내 주인으로부터도 버림을 받아 짧은 창작의 시대는 막을 내렸다. 이렇게 소녀의 두 번째 길 잃기도 맥없이 끝났다.

소녀는 우물터를 지나고 성황당 고갯길을 넘어 학교에 다녔다. 그 다져진 황토의 내리막길과 오르막길은 어느새 시멘트로 메워졌다. 이제는 비가 내려도 운동화에 진흙이 달라붙지 않아서 좋았다. 더구나 시멘트 길을 따라 시설이 훌륭한 목욕탕도 문을 열었으므로 소녀는 목욕을 위해 멀리 가지 않아도 되었다.

단지 비가 많이 내린 다음날이면 길바닥을 뒤덮다시피 출몰하는 지렁이들이 성가셨다. 징그럽고 싫었다. 밟을까봐 겁을 내며 소녀는 지렁이들에게 짜증을 냈다. 뭣 땜에 이렇게 나와 도는 거야. 그래봐야 땡볕에 말라죽기 밖에 더하겠니. 그냥 편안하게 땅 속에 있을 것이지. 에구, 한심한 것들. 지렁이에게 길을 잃지 말라고 야단을 치면서 소녀도 더는 낯선 길을 찾아들어 길모퉁이를 돌면 무엇이 있을까, 궁금해 하지 않게 되었다.

친구들은 성적순으로 각각 다른 중학교에 진학하여 뿔뿔이 흩어졌으며 서로가 서로에게서 멀어져갔다. 이제 소녀는 학교에 가는 버스를 타기 위해, 초등학교 가는 길과 반대로 나있는 쭉 뻗은 신작로로 갔다. 넓은 길은 고갯마루로 이어졌다. 그래서 그 너머가 눈에 들어오지는 않았지만 어차피 눈에 안 보여도 뻔한 길이었다. 그리고 일단 고갯마루에 서면 오종종하고 궁색한 동네가 한 눈에 들어왔다.

소녀는 신작로가 그다지 마음에 들지는 않았지만 그렇다고 그 길에서 딱히 벗어나고 싶지도 않았다. 쉽고 편한 길을 그냥 걸었다. 그렇게 세상을 향한 안테나를 거두었다. 그 때 그 아이는 '수고도 아니 하고 길쌈도 아니 하는', 일견 평탄할 것 같은 노정은 그저 착각일 뿐, 매일매일 노심초사하며 그다지 편안하지 않은 일상에 기대어 시간도 삶도 속절없다고 애석해할 줄은 꿈에도 몰랐을 것이다. 그렇더라도 끝내 길을 잃지 못하고야 마는 자의 막막하고 울울적적한 심사만은 어렴풋이나마 알고 있지 않았을까.

그는 비우고, 그녀는 채우고

 어떤 영화가 좋은 영화인가에 대하여 두 사람의 생각은 전혀 다르다.
 나는 말한다. "좋은 영화란 모름지기 우리로 하여금 회색 뇌세포를 움직여 생각에 잠기게 하는 것이야."
 그는 말한다. "무슨 소리야. 골치 아픈 영화는 질색이야. 살아가는 매일 매일이 골치 아픈 일투성이인데 영화까지 그런 걸 본단 말이야? 좋은 영화란 그런 게 아냐. 영화를 볼 때면 정신없이 몰두해서 볼 수 있게 재미있어야 하지만 극장 문을 나서는 순간 무슨 영화를 봤는지 조차도 생각나지 않는 영화가 진짜 좋은 영화지."
 영화 한 편에 대한 견해가 다른 것처럼 두 사람이 추구하는 삶의 태도 또한 판이하다. 그의 입장에서 보면 나는 쓸데없는 것으로 머릿속을 채우느라고 바쁜, 공연스레 복잡한 여자다. 언제나 이것저것 알고 싶은 게 많아서 개론槪論의 홍수 속을 헤매고 다닌다. 사소한 것마다 일일이 의미부여하고 부연설명하며 분석하고 따진다. 그러면서 보태고 채우려고 애쓴다.

반면에 그는 대체로 잊고 털어내며 살아가는 편이다. 단순 명쾌하게 자신의 관심사를 고정시켜 놓고 그 틀 안에서 흔들림이 없다. 서민으로 태어났으니 서민으로 살다가 서민으로 죽고 싶다는 그의 소망처럼 물심양면으로 그지없이 투명 담백하고 소박한 사람이다. 말수가 적고 표현력이 부족한 그를 놀리느라고 "그렇게 평생을 몇 개 안 되는 어휘만 사용하고 살면서 갑갑하거나 아쉬운 점이 없습니까?" 하고 내가 마이크를 들이대는 시늉으로 인터뷰를 청했더니 "전혀 불편하지 않음" 하고 예의 한정된 어휘로 전보문같이 응답한다.

그래도 특유의 유머감각으로 가끔은 재미있는 조어造語실력을 발휘하기도 한다. 어느 날 갑자기 내 머리카락에 흰머리가 늘기 시작할 때였다. 그는 일찌감치 잿빛이 되어버린 자기의 머리가 세기 시작했을 때보다 더욱 심란해했다. 아마도 흐르는 세월이 거듭 새삼스러웠나보다. "어, 여기 흰머리 또 보인다." 하며 뽑으려고 덤볐다. "아니, 안 돼. 지금 흰머리가 문제가 아냐. 흰머리거나 검은머리거나 간에 숱이 줄어드는 게 더 큰일이니까 뽑지 마시오." "어이구. 그러니까 등소평의 흑묘백묘(黑猫白猫-검은 고양이건 흰 고양이건 쥐만 잘 잡으면 된다)가 아니라

서숙의 흑모백모(黑毛白毛-흰머리거나 검은머리거나 숱이라도 많으면 다행이다)란 말이지."

영화 '러브레터'를 같이 보러 가자고 했더니 "아니 왜 하필이면 일본영화냐"고 마땅치 않아 했지만 보고 와서는, 내가 영화 속 여주인공을 흉내 내어 "오겡끼데스까(잘 지내십니까?)" 하고 집 이쪽 끝에서 손나팔을 만들어 외치면 집 저쪽 끝에서 그가 무뚝뚝하게 화답하곤 했다. "안겡끼데스."

아무튼 그에게 내가 붙여 준 타이틀은 '행복의 조건을 갖춘 사람'이다. 그는 별다른 갈등구조가 없는 사람이다. 저 길로 갔으면 했는데 결국 이 길로 오고 말았다든가 진짜 자기가 원한 것은 저것이었는데 운명이나 환경 탓에 이리 되고 말았다는 큰 회한이나 미련은 별로 없는 듯싶다. 남에게 지기 싫은 경쟁심에서가 아니라 그저 공부밖에는 할 줄 아는 게 없어서 계속 하다 보니까, 그것이 별 무리 없이 생계유지의 방편으로 이어졌다. 거기다 더불어 나름의 사회적 지위도 따라온 셈이 되었다. 좋아하는 일만 하면서도 그런대로 만족하며 살 수 있으니 그만하면 행복의 조건을 갖추었다고 여겨진다. 그런데 '행복하다'는 어감이 주는 낯섦 때문인지, 정작 그는 이 타이틀을 그다지 달가워하지 않는다.

영국 소설가 그래함 그린(Graham Greene;1904-1991)의 소설 '사건의 핵심(The heart of the matter)'에 나오는 주인공들은 우리 부부의 모습과 유사한 점이 있다. 남편 스코비는 살아가면서 지니고 있는 물건들을 되도록 하나씩 줄여가려고 애쓰는 사람이다. 아내 루이즈는 집안을 책과 장식품 등 여러 가지 물건들로 가득가득 채워가며 산다. 나는 루이스처럼 채우고 그는 스코비처럼 비운다.

 이제마가 분류한 사상의학四象醫學에서의 여러 유형 중에 매우 저축성이 강한 부류가 있다. 이들은 체질적으로 저축을 좋아해서 몸에 여분의 살을 비축하고 사는데, 그 뿐만이 아니라 성격이나 생활 습관도 쌓아두고 모으기를 좋아한다고 한다. 내가 아마 그런 유형의 사람인가보다. '검소한 생활 속의 고원한 사색'이라든가 '말은 간결함을 으뜸으로 친다.'라는 경구를 무척 마음에 들어 하는 한편 나는 어쩌면 그렇게 아무 것도 버리지 못하고 관념적으로나 현실에서나 이 많은 것을 끌어안고 사는지 모르겠다.

 "살아간다는 것의 의미가 무엇일까, 인간의 가치는 어디에 있을까." 나는 이런 우문愚問을 사랑한다. "왜 살기는? 그냥 목숨이 붙어 있으니까 사는 거지." 그의 현답賢答은 간결 명료하다.

 "이렇듯 여러 면에서 서로 동떨어진 생각을 하면서도 부부라는 이름으로 몇 십 년을 같이 살기도 하는 거야." 의견이 어긋날 때 내가 하는 말이다. "그래, 맞아." 그가 흔쾌히 동의한다. 결국 이 시점에서 우리의 의견은 전적으로 일치한다.

 나는 복잡하고 그는 단순하다. 그가 하얀 캔버스라면 나는 그곳에 내 마음대로 색칠 범벅을 하는 사람이다. 나는 쌓고 그는 그것을 묵묵히 견딘다. 그가 마련해놓은 공간 속에서 내가 울타리 안의 자유를 즐긴다. 비울수록 넉넉해지고 채울수록 빠듯해지는지 그는 늘 나보다 좀 더 여유가 있는 모습이다.

혹시 모를 일이다. 비워야 만이 채울 수 있는 것이기에, 그가 비워놓은 곳을 내가 채운다는 것으로 어쩌면 우리 부부가 어느 날 허허실실虛虛實實의 지극한 경지에 다다를 수 있을지도.

이 밝음

우리 아파트는 전망이 좋다. 멀리 북한산 자락이 한 눈에 들어온다. 어쩌다 한 번씩 하늘과 구름과 바람의 의논이 잘 이뤄져 이곳에 제법 청정한 대기를 가져다 놓는 날이면 마치 알프스의 어디쯤 와 있는 듯한 근사한 정경이 펼쳐지기도 한다. 집에 놀러온 꼬마손님이 그 같은 전경을 바라보며 자기 엄마에게 물었다. "엄마, 저거 그림이에요?" 나는 그 말을 듣는 순간 "어쩜, 저 애는 시인이구나." 했다. '그림이에요?'는 그림같이 아름다운 경치라는 표현의 진부함을 벗어나 있으면서 그림같이 아름다운 경치임을 웅변한다.

어느 스님의 법명이 자명慈明이었다고 한다. 그런데 누군가가 충고를 했다. 거추장스러우니 마음은 이제 그만 내려놓는게 좋지 않겠느냐고. 과연 마음 심心자를 떼어내니 내가 보기에도 한결 산뜻해 보인다. 자명茲明. '자비로운 밝음'보다 '이 밝음'이 훨씬 운치도 있고 여백도 많다. 마음을 들어 낸 자리만큼 가벼워진 덕분일 것이다. 괴테는 "왜 이리 어두워."라는 말을 마지막으로 남기고 운명하였다는데 세상을 향해 그토록 많은 말을 쏟아내었던 그도 '이 밝음'의 경지에는 도달하지 못했나 보다.

언어는 그에 깃들인 기운에 따라 제 나름의 격조와 울림을 지니는데 어떤 말은 그 한 마디 속에 많은 기미와 갈피를 전한다. 나는 이와 같은 미묘한 흔들림에 기쁘게 반응하며 즐거이 짐작하고 헤아린다. 때로 절제된 언어의 묘妙가 극치를 이루면 우리는 마침내 한껏 고양된 정신의 진수를 맛보게 된다. 이미 세상은 오래 전부터 이러한 언어의 미니멀리즘에 심취하고 있는 징조를 보여 왔다.

한국의 시조와 중국의 절구, 그리고 단 열 일곱 자로 이루어진 일본의 하이쿠(俳句)는 모두 언어의 압축미를 보여준다. 마츠오 바쇼(松尾芭蕉;1644-1694)의 '방랑에 병들어 꿈은 마른 들판을 헤매고 돈다.'를 보며 우리는 무수한 상념 속을 헤매고 돈다. 하이쿠는 서구로 건너가 모더니스트 에즈라 파운드(Ezra Pound;1885-1971)를 만났다. 그리하여 이 시 형식은 일군의 이미지즘이 풍미하던 영미의 시단에 많은 파장을 일으켰고 그에 따른 새로운 시풍이 자리잡도록 했다는 소식을 바람결에 들은 일이 있다.

> 군중群衆 속에서 유령처럼 나타나는 이 얼굴들,
> 까맣게 젖은 나뭇가지 위의 꽃잎들.
> The apparition of these faces in the crowd;
> Petals on a wet, black bough.

 단 두 줄이 시의 전문全文인 파운드의 '지하철정거장에서(In a station of the metro)'는 이름 없는 군중의 얼굴을 활짝 피어난 꽃송이에 비유하여, 무리 속에 있을지라도 소중하기 그지없는 개개인의 모습을 선명하게 부각시킨다.

 이즈음 컴퓨터상에서 오가는 모든 문자 행위는 간결함과 빠른 왕래를 필수요건으로 한다. 촌철살인의 절묘한 언어의 곡예가 흔하다. 이런 식에 익숙해지면 조금이라도 긴 글은 아주 구태의연하고 지루하게 여겨질 것이다. 이에 덧붙여 더욱 다양한 이모티콘(emotional icon)들이 등장하고 있다. 초기에 문자기호로 표시되는 감정표현에서 시작한 이모티콘은 이제 그림언어로의 회기 성향을 보여주며 빠르게 확산되고 있다. 캐릭터의 표정이 때로 백 마디의 말을 대신한다는 뜻에서 이는 어쩌면 상당히 경제적인 자기표현의 수단이 될 수도 있겠다 싶다. 인터넷 소설은 지문에 이모티콘이 마구 사용되는데 그에 대한 찬반 여론이 네티즌들 사이에도 뜨겁다. 뉴 에이지 이미지즘(new age imagism)이라고 할만한, 언어에 국한되지 않는 새로운 표현방식의 확대는 보다 긍정적일 수도 있다. 그러나 이러한 신 기류로 말미암아 더 이상 문학이 음미의 대상이 아니고 감각만을 중시하는 일과성의 자극제로 전락할지도 모른다는 걱정이 앞서기는 한다.

"세상의 언어가 다 사라지고 단 두 개의 언어만 남는다면 그것은 '사랑'과 '여행'일 것이다." 지나가다 지하철에서 본 문구다. 사랑에 대한 경구로 유명한 프랑스작가 라브리예르(Jean de La Bruyère;1645-1696)의 말이라는데 나는 그 말에 붙들려 잠시 그에게 동조했다. 그 말을 머리에 새기며 서 있는 짧은 동안 선재동자善財童子와 오디세우스Odysseus와 카잔차키스(Nikos Kazantzakis;1885-1957)가 차례로 내 마음속을 다녀갔다. 때로 어떤 말은 정말 많은 이야기를 들려주곤 하는 법이다.

그처럼 각자 모두 자기에게 남겨질 단어를 두 개만 골라보는 게임도 재미있을 듯하다. 세상의 모든 말을 걸러서 헹구는 효과가 있을지도 모른다. 우선 그러면 나는 무엇을 고를까? 이것은 생각보다 쉽지 않다. 몇 마디의 단어를 고르기 위해 용량 가득한 뇌의 저장고를 다시 죄다 총출동시켜야하기 때문이다. 아무래도 두 개의 단어를 추려내기에는 역부족이다.

생략과 함축에 대해 생각하고 있는 중이다. 말은 적게 하면서 의미는 많이 담는다는 것이 쉬운 일은 아니다. 그래도 그에 대하여 계속 생각해 봐야 할 것 같다. 장황하게 늘어놓다보면 오히려 핵심을 벗어나기가 쉽다. 간결한 가운데 딱 들어맞는 설명과 표현만이 말하고자 하는 바를 선명하게 드러낼 것이다. 그러한 노력에 비록 나는 못 미쳐도 누군가는 어느 곳에서 그 경지에 이르러 있을 것이다. 어느 날 그를 만나면 내 마음이 달빛처럼 부드러운 밝음으로 차오르고, 그러면 나는 그를 조용히 알아볼 것이다.

나도 모르게 두리번거렸다

 아침부터 내내 찌무룩하더니 그예 빗방울이 듣는다. 눅진한 하오에 한바탕의 비가 반가울 법도 한데 손에 우산이 들려있지 않아 난처하다. 어느 집 처마 밑에서 비를 피할까 잠시 생각했으나 청회색 낮은 하늘을 보아 지나가는 비는 아닌 것 같다. 집까지는 십 여분은 족히 걸릴 테니 빗발이 세차지기 전에 서두르는 게 좋겠다.

 그런데 그만 얼마 안 가 빗줄기가 굵어진다. 이제는 기다란 담벼락만 이어질 뿐 쉬어 갈 처마 밑도 없건만 거리는 순식간에 한밤중처럼 캄캄해지고 빗물은 숫제 쏟아 붓듯 퍼붓는다. 얇은 여름옷 차림이라 금방 물에 빠진 생쥐 꼴이다. 이왕에 젖고 나니까 에라 모르겠다, 그런대로 시원한 해방감이 찾아온다. 젖은 샌들에 발이 미끄럽다. 핑계 김에 천천히 걷는데 머리카락을 타고 얼굴 위로 흐르는 빗물이 상쾌하다.

잠시 억수로 쏟아지던 비가 얼추 잦아든다. 좀 전의 장대비 덕분에 거리에는 인적이 뚝 끊겼다. 널장구름 무거운 짐 부려 놓고 약간 뿌예진 하늘 아래 빈 거리에서, 이제는 아예 비 맞는 것을 즐기며 더욱 느리게 발걸음을 뗀다. 폭우 뒤에 잦아드는 비처럼 버거운 내 청춘도 그렇게 지나가는구나, 이런 저런 생각을 늘어놓으며 제 멋대로 여유를 부리며 걷는데 누군가가 등 뒤 어디쯤에서 나를 향해 외치는 소리가 들린다.

"야, 좀 뛰어라!"

그리고는 그 남자는 볼멘소리로 계속 혼잣말처럼 중얼거린다. 비가 오면 피하는 시늉이라도 해야 하는 것 아냐, 뭐가 그렇게 잘 났어, 대충 그런 말인 것 같다. 저절로 피식 실소가 터진다. 실성한 여자로 보일까 봐 웃음을 참으며 나는 그저 앞만 보고 여전히 느릿느릿 걷는다. 내막이야 어떻든 누군가에게 도도하고 당당하게 여겨진다는 것이 내 허영심을 적이 만족시킨다. 그럭저럭 집에 거의 다 왔다.

찻집에서 친구와 아가씨다운 재잘거림이 한창인 중에 맞은편 테이블의 청년이 심상치 않다. 뚫어져라 나를 쳐다보고 있다. 언제부터였을까, 꽤 오래 그러고 있었던 모양으로 의자에 비스듬히 기댄 채 상당히 노골적이다. 앞자리의 일행과 별로 얘기를 나누는 것 같지도 않고 작정한 듯 시선은 내게 고정시킨 채로다.

그의 존재가 부담스러워진 내가 영문도 모르는 친구를 채근하여 찻집을 떠나려는데, 어느새 그가 옆으로 다가와 내 바바리 주머니에 쪽지를 찔러 넣는다. 모일모시에 이 장소에 나와서 기다리겠다는 짧은 메모다. 이런 흔한 수법이야, 뭐. 대수롭게 여기지 않으려는데 내 마음이 약간 흔들린다. 그의 외모가 상당히 수려하기 때문이다. 학생 차림의 그는 잘 생긴 얼굴에 체격도 좋고 옷차림도 단정하여 썩 호감이 간다.

좋은 인상이었음에도 불구하고 그날 그곳에 나가지 않았다. 뿐더러 그와 다시 마주치게 될까봐 자주 가던 찻집이었건만 발길을 끊었다. 주어진 틀에서 벗어나는 것이나 기대 밖의 다른 일이 벌어진다는 것을 두려워하는 한편 스스로 고고한 척 하느라고 그랬지 싶다. 그런데 한참 훗날 그 찻집에 다시 가게 되었을 때 혹시 그가 와있지 않을까 나도 모르게 두리번거렸다.

다소곳이 새색시 노릇 하느라 신접살림을 차린 대전의 셋집에서 서울 시댁까지 오르락내리락하였다. 일을 마치고 대전으로 가는 고속버스에 올랐는데, 이날따라 몹시 피곤하였나 보다. 창가자리에 앉아서 하염없이 졸았다.

어느 때 퍼뜩 눈을 떴다. 나는 어이없게도 낯선 남자의 어깨에 기대고 있다. 그러고 보니 옆자리에 말끔한 정장차림의 젊은 남자가 앉았던 것 같다. 거기까지는 그래도 좋았는데 침 한 줄기가 그의 진솔처럼 보이는 윗도리에 흐르고 있다. 손수건을 꺼내어 황급히 그의 옷에 묻은 침을 닦고 내 입술에 묻은 침도 닦고 미안하다고 사과를 제대로 했는지 어쨌는지 아무튼 경황이 없다.

그의 어깨에 얼마동안이나 기대있었는지 알 수야 없지만 급기야 침까지 흘리니까 안 되겠다 싶어 그가 기척을 내고 그 서슬에 내가 깨어난 모양이다. 아휴, 이렇게 무안하고 황망할 수가. 그런데 의외로 그는 가타부타 아무 말이 없는 가운데 과히 싫지는 않은 것 같고, 그뿐 아니라 상황에 걸맞지 않게도 설렘이라든가 호감이라든가 하는 꽤 좋은 분위기를 풍긴다. 나는 물론 헤어질 때는 제대로 고개를 못 들고 허겁지겁 터미널을 빠져나왔지만, 내게 남겨진 것은 민망함보다는 모종의 향기로운 여운이다.

런던으로 날아가는 비행기 안이다. 옆자리의 중년신사와 이런 저런 짧은 신상의 얘기를 나눈다. 그는 출장길이고 나는 대학에 다니는 딸을 돌보러 가는 길이다. 책을 조금 읽다가 두 다리를 좁은 의자 위에 끌어올려 겹치고 쪼그린 채, 눈을 감고 잠을 청한다.

설핏 잠이 들려고 하는데 어떤 손길이 느껴진다. 눈을 감고 있어도 옆 사람이 조심스럽게 내 발치에 담요를 덮어주고 자상하게 꼼꼼히 여며주는 모습이 선명하다. 그리고는 일어서서 나에게 닿지 않게 몸을 곧추세우고 내 자리를 지나 복도로 나간다. 그는 빈자리 하나 없는 만원의 비행기 어느 곳에서 서성거리는지 한참을 돌아오지 않는다. 아마 좁은 좌석에서 자신의 자리를 비워 조금이라도 편하게 만들어주고 싶은 배려 같다. '다리 뻗고 편히 주무세요.'라는 그의 심중이 읽혀진다. 나를 깨우지 않으려는 그의 노력에도 불구하고 그만 잠이 달아났지만, 그가 여며준 담요자락이 풀어질까봐 자세를 바꾸지 않고 그대로 웅크린 채로 가만히 있는데 마음이 참 포근하다.

때로 삶을 기로에 서게 할 만큼 큰 사건이, 신기할 정도로, 어느 틈에 까맣게 뇌리에서 멀어지기도 한다. 반면에 짧게 스쳐지나갔을 뿐인 사소하기 그지없는 순간들이 오래 사라지지 않는 기억들이 되어, 마치 모래밭에 묻혀 있다가 어느 때 햇빛을 받아 반짝거리는 사금파리처럼, 문득문득 내 마음에 빛을 뿌려주기도 한다. 그것은 어느 한 나절에 노래 한 소절, 시 한 구절이나 잠언 한 토막, 영화의 한 장면이 맥락 없이 몇 시간이고 마음속을 맴돌 때가 있는 것과 비슷하다.

그런데 조용히 내 마음 속을 들여다보면 이 작은 기억들의 속삭임 속에는 거의 반드시 내가 그에 붙들린 이유들이 있다. 그러니까 그때 이후로 다시는 만나지 못했던, 얼굴도 기억하지 못하는 사람들에 대한 기억들 가운데는 아마 내가 삶 속에서 소망하는 것, 세상의 안팎으로 찾아 헤매는 것, 사람들에게 간절히 바라는 것들이 들어있기 때문일 것이다.

나에게 연애에 대한 환상이 있었던가. 그래서 그 환상의 단초를 위의 에피소드들이 쥐고 있는 것인지도 모른다. 때로 두서없이 떠올라 뒤섞인 기억은 상상으로 펼쳐보는 연애소설의 서막으로 둔갑하기도 한다. 그리하여 나의 소설은 일어나지 않았던 일의 후일담으로 전개된다. 비 맞던 날, 목소리의 주인공과 설전을 벌이고 그를 계기로 괴팍한 두 남녀의 맹렬한 연애가 불꽃을 튀긴다. 혹은 찻집에서 두리번거리는 대신에 모월모시에 나타나 자신의 감정에 좀 더 충실한 모습으로 고전적이고도 감미로운 연애를 펼친다. 우산이 없어 맨몸으로 비를 맞다가도, 찻집에서 친구와 차를 마시다가도, 버스에서의 동석이 계기가 되어서도 연애는 시작하는 것이다.

그 속에는 이상적인 이성의 모습이 투영되고 이루어지기 힘든 희망사항이 나열되며 떨쳐버릴 수 없는 미련이 앙금을 남긴다. 자기 안의 진실이 타인에게는 전혀 다른 모습으로 비쳐지는 오해, 우연한 만남 속에 새로운 이끌림을 발견하는 경이로움, 미지의 세계에 대한 설렘, 작은 친절과 호의와 관심과 배려가 큰 울림으로 다가서는 풍경, 반면에 마음이 시키는 대로 하지 않았던 것에 대한 아쉬움, 대범함과 소심함이 엇갈리는 내면의 모습, 그 연애소설에는 이런 것들이 들어있다.

사람과의 만남 중에 가장 우연히 다가오는 것이 바로 연애

감정이다. 그렇지만 모든 벌어지는 일들은 우연을 가장한 필연이라는 말이 맞기도 하다. 하지만 필연적인 만남이라고 해도 상대를 속속들이 알게 되는 것은 불가능하다. 두 사람 사이에는 상대에게 끝내 밝힐 수 없는 진실이 있을 수 있고 이해와 관용 이면에는 도저히 가 닿을 수 없는 간극이 생기기도 한다. 사랑하지만 이해할 수 없기도 하고 이해하지만 동감할 수 없기도 하다. 가장 이타적인 것이 사랑의 감정이지만 가장 이기적이 되고 싶은 것도 사랑의 모습이다. 이런 모든 갈등에도 불구하고 인간이 기울이는 열정 중에서 연애가 가장 아름답다, 그처럼 순수한 마음의 행로는 다시없을 것이기에. 그 연애소설에는 이런 것들도 들어있다.

비록 나의 생활이 달팽이처럼 딱딱한 외피를 두르고 간신히 기어가는 형국이어도 마음만은 언제라도 새처럼 날개를 파닥이며 맘껏 푸른 하늘을 날아오른다. 평생 가정을 꾸리지 못했던 사람이 지은 노래인 〈즐거운 나의 집〉이 만인의 가슴에 파고들듯이, 기어이 연애를 못 하고 마는 사람이 쓴 연애소설이 어쩌면 더욱 절절하지 않을까.

연애, 참 예쁜 말이다.

자기연민을 떨치려면

용재 오닐의 비올라가 〈섬집아기〉를 들려준다. 애상에 잠겨 고적함을 즐기다보면 조촐한 행복감이 스며든다. 그러니 우리를 잠시나마 여기가 아닌 저 먼 곳 어딘가로 데려가주는 예술, 예술가, 예술작품은 얼마나 고마운가. 그런데 이런 설명은 뭔가 미진하다.

왜 슬픈 음악을 들으면 우수憂愁의 감정을 통해 마음이 맑은 샘물에 헹구어 지는 듯한 느낌이 찾아드는지, 정신은 빗질 끝낸 뜨락의 가지런함 속에 안온한 평화를 즐기게 되는지 그 이유가 늘 궁금했다. 그러다가 눈에 들어온 단어가 '자기연민'이다. 미술사가 이연식의 ≪응답하지 않는 세상을 만나면, 멜랑콜리≫에서 '멜랑콜리는 자기연민의 감정이다.'라는 해답을 얻었다.

누구나 멜랑콜리를 느낀다. 예컨대 〈글루미 선데이〉같은 곡을 들을 때, 불현듯 가을바람이 스산하게 느껴질 때, 해질녘 하늘을 뒤덮은 보랏빛 구름을 볼 때, 딱히 이유는 알 수 없지만 '멜랑콜리'한 감정에 사로잡힌다. 이처럼 이유를 잘 알 수 없는 것이야말로 '멜랑콜리'의 특징이다.

예술가의 창작행위나 대중이 그러한 작품을 감상하는 과정은 모두 각자의 모습을 투영하여 만족감을 얻는 행위이다. 〈섬집아기〉는 노랫말을 음미하는 자신의 외로운 내면에 다름 아니다. 나는 자기연민이란 결국 '욕망하지만 채울 수 없는 것으로 말미암은 결핍에서 비롯한 그리움'이라고 결론지었다.

인간은 보고 싶은 것만 보고 믿고 싶은 것만 믿으며 잊고 싶은 것은 지운다. 〈섬집아기〉가 처한 현실이 실재라면 이에 대한 감상적 접근은 잔인하기만 하다. 예술작품은 내게 복잡다기한 의문을 던지곤 한다. 가수 장기하는 사랑이 떠나간 쓰라린 아픔 속에서도 슬며시 미소 짓는 '또 하나의 나'를 본다고 했다. '아, 이거 잘 하면 하나 건지겠는데.' 자신의 슬픔까지도 이용하려는 치사한 짓을 하는 사람들이 아티스트라는 것이다.

보통 우수라고 옮기는 멜랑콜리는 씁쓸하면서도 달콤하다. 흔히들 깊은 절망이라고 여기는 감정과는 다르다.

당장 일상의 절박한 문제와 맞붙어 씨름할 때 '멜랑콜리' 하지는 않기 때문이다. 절실한 상황으로부터 거리를 두고 떨어져 있을 때, 문득 찾아오게 되는 멜랑콜리는 때로 사치스러운 감정으로 여겨지기도 하지만 사물과 인간에 대한 깨달음에 이르도록 한다. 묘하게 우울한 느낌에 잠겨 있다가 뭔가에 대한 통찰이 떠오르는 것이다. 그래서 통찰과 영감을 얻으려는 예술가들은 멜랑콜리에 주목했다.

그래서 저자 이연식은 '멜랑콜리'를 '우울에 매력을 더한 것'이라고 정의한다. 그리고 멜랑콜리와 예술작품과의 상관관계를 설명한다. "유럽의 낭만주의시기를 거치면서 멜랑콜리커(멜랑콜리 기질이 있는 사람, 멜랑콜릭)는 예술가와 동의어가 되다시피 했으나 멜랑콜리는 예술의 원천이 아니라 오히려 예술의 실패 국면과 더 친숙하다. 통찰과 영감은 멜랑콜리가 준 게 아니다. 우연히 멜랑콜리와 함께 방문한 것뿐이다. 예술가는 응답하지 않는 세상을 만나면 멜랑콜리에 빠진다." 그래서 그는 예술가들이 겪은 실패담에 이끌린다.

예술가가 성공하거나 소외되는 요인은 너무도 복잡하여 예견할 수 없으며 예술가는 이런 불확실성을 온몸으로 감당하는 존재다. 멜랑콜리는 좌절감과 패배감의 다른 이름이다. 응답하지 않는 세상과의 불화, 좌절, 대답 없는 세계 앞에서 느끼는 절망에 기인한 우울함이다. 그러므로 멜랑콜리는 예술가 뿐 아니라 모든 사람이 경험하는 미묘한 우울, 어두운 열정이다. 멜랑콜리는 국면을 전환시킬 만한 기질이나 재능, 또는 추동력이라기보다는, 어떤 '징후'다. 예술가가 가까스로 붙잡은, 아슬아슬한 균형의 징후다.

우리가 살아간다는 것이 결국은 얼마나 많이 차지하는가의 과정인 것 같다. 멜랑콜리란 차지하고 이룩한 것에 성이 차지 않는 사람들이 세상에 대해 느끼는 감정이다. 예술가는 작품을 제조하는 과정을 통해서, 그리고 대중은 그를 감상함으로써 결핍에 대한, 욕망이 채워지지 않은 것에 대한 애석함을 표현하고 공감한다. 예술가의 멜랑콜리가 징후라면 감상자의 멜랑콜리는 좌절이 아니라 카타르시스를 선사한다. 예술가의 멜랑콜리가 쓰라린 것이라면 감상자의 멜랑콜리는 구원의 길로 이르는 도피처가 되어준다. 심신이 위로 받고 정화되는 것, 예술의 효용일 것이다.

저자는 이제 일곱 명의 작가를 데려와 일곱 가지의 멜랑콜리한 감수성을 펼쳐놓는다. 일곱 명의 화가는 그의 관점에서 각각 나름의 우울을 품었다. 자신의 완벽주의 성향으로 말미암아 오히려 '작업을 완성하지 못하는 예술가'가 되어버린 레오나르도 다 빈치, 피터르 브뢰헬이 바라본 인간 삶과 운명의 이유 없는 잔혹성, 전형적인 멜랑콜리커 에드가 드가가 받았던 오해와 그로 인한 고독한 삶, 평생의 외로움 속에 환상과 상상의 세계를 펼친 오딜롱 르동, 현실과 이상 사이에서 괴로웠던 빈센트 반 고흐의 벗어날 길 없는 슬픔, 에드워드 호퍼가 보여주는 도시의 적막한 밤과 낮, 작품 소재로 삼았던 재난에 오히려 자신이 습격당한 앤디 워홀의 아이러니 등은 차분하게 그러나 격정적인 문체로 우리를 멜랑콜리의 세계로 데려간다.

몇 해 전에 알랭 드 보통이 쓴 호퍼에 대한 에세이를 읽으면서 나도 이런 글을 쓰고 싶다는 갈망(이룰 수 없다는 절망감도 함께)이 일었던 적이 있다. 그런데 이연식의 책에서도 호퍼를 만났다.

많은 미술 평론가들이 그림을 평하지만 사실 그림은 핑계고 이를 빌미로 자기가 하고 싶은 말을 하는 것이니 그림은 자신의 내면을 털어놓기 위한 방편이 된다. 그러므로 호퍼의 그림 자체와 그에 대한 해석은 별개의 것이다. 그리고 알랭 드 보통의 호퍼, 이연식의 호퍼 그리고 나의 호퍼는 각각 조금씩 다르다. 호퍼를 통해 각자 자신을 이야기하기 때문이다. 아무튼 드 보통과 이연식의 호퍼를 합쳐놓고 나는 흡족하다. 고개를 갸웃하다가 마침내는 끄덕거리는 장면이 찾아든다. 좋아하는 화가를 공유하는 즐거움에 새롭게 알아가는 기쁨이 얹힌다. 그러면서 이연식은 호퍼의 내면을 들여다보고 나는 그런 이연식의 내면을 기웃거린다. 그리고 보면 드가가 그랬던 것처럼 우리는 모두 너나없이 관음증 환자다.

알랭 드 보통의 호퍼; 호퍼의 작품은 우리가 우리 자신을 기억하는 것을 돕는다. 우리 자신 내부의 어떤 중요한 곳, 고요하고 슬픈 곳, 진지하고 진정한 곳으로 이끈다. 기차 칸의 장면은 여행을 할 때 빠져드는 내향적인 분위기로 가득하다. 흘러가는 풍경의 도움을 얻어 내적인 사유가 술술 풀려나가다 보면 우리에게 중요한 감정이나 관념들과 다시 만나게 되어 자기 자신에게로 돌아왔다는 느낌이 든다. 매력적인 호퍼의 그림은 그런 과정을 고스란히 우리에게 전달한다. 그래서 상처받은 듯 자기 내부를 응시하는 모습의 그림 속에서 우리의 슬픔과 실망의 메아리를 목격하고, 그럼으로써 혼자 감당하던 괴로움과 중압감으로부터 어느 정도 벗어나게 된다.

24시간 식당, 역의 대합실, 호텔 방은 일상 세계에서 집을 발견하지 못한 사람들, 보들레르라면 시인이라는 경칭으로 명예를 베풀었을 사람들을 위한 성소다. 가정적인 분위기의 결여는 가정의 거짓 위안으로부터 우리를 구원할 수도 있다. 이러한 '주변적인' 장소들이 호퍼적인 것으로 특별한 종류의 소외된 시정詩情을 느끼는 곳이다. 그의 그림에는 낯선 곳에서의 외로움, 소통의 어려움, 사랑을 향한 좌절된 갈망이 스며들어 있다.

이연식의 호퍼; 〈밤을 새우는 사람들〉은 현대 도시인의 고독과 우수, 성적인 긴장과 일탈의 전조를 묘사하는 한 편, 밤을 새우는 예술가를 떠올리게 한다. 도시의 밤 풍경 가운데 그림 속 인물들이 고독해 보이는 이유는 이들이 빚어내는 욕망과 긴장, 다소 좌절에 가까운 긴장 때문이다. 호퍼의 그림은 인기가 많다. 모호하고 암시적이어서, 질펀한 향락 등의 노골적인 표현을 꺼리는 취향에도 잘 맞으면서도 일단은 관능적인 매력을 풍기니까.

호퍼의 그림에는 보이는 부분 뒤에 보이지 않는 부분이 있다. 무엇에 대해 말하느냐로 그 사람을 알 수 있지만, 무엇에 대해 말하지 않는가로도 상대를 알 수 있다. 말을 할 법한 뭔가를 유독 말하지 않는다면 더욱 그렇다. 구체적인 사례를 보여주지 않기 때문에 도시인들이 자신들의 정념을 여기에 투사하기도 쉽다. 그러니까 사랑받고 싶다면 곧이곧대로 말하지 말라! 모호하고 암시적인 말만을 흘려라. 상대는 안도하고는 감상에 젖어 당신을 사랑하게 될 것이다. 혹은 스스로 당신을 사랑한다는 착각에 빠져들 것이다. 물론 나중에는 그 모호함 때문에 진저리를 치게 될 테지만.

나의 호퍼; 도시 중산층의 고독, 소외, 방관자적 무심함, 적막감, 허무. 이런 것들을 호퍼만큼 섬세하게 표현한 화가는 없는 듯하다. 현대인은 자기(Self)를 찾은 대신에 고독을 감내해야 한다. FAE (Frei Aber Einzeln 자유 그러나 고독). 고독한 자만이 자유를 누릴 수 있다. 그것이 말하자면 자아를 쟁취한 대가라는 거겠지. 내가 우주의 중심인 세상에서 잃은 것은 타인을 온전히 이해하고 타인에게 온전히 이해 받는 것. 같이 있어도 따로따로, 언제나 홀로 먼 곳을 응시한다.

호퍼의 회화에는 보이는 부분 뒤에 보이지 않는 부분이 있다고 한 저자 이연식은 다비트 프리드리히가 즐겨 그린 뒷모습에 대해 말한다. "인간은 위압적인 대자연 앞에서 왜소하다. 저마다의 개성이나 이해타산, 희로애락은 부질없는 것처럼 여겨진다. 그래서 인간은 뒤돌아서서 스스로를 밝히지 않는다. 하지만 마주한 이를 속이지도 않는다. 진실은 이 사이, 밝히지 않는 것과 속이지 않는 것 사이에 있다. 뒷모습이 요령부득으로 느껴진다면 이는 진실이 요령부득이기 때문이다."

예술의 교묘한 속임수를 알아채고 이에서 탈피하여 순간의 진실을 집어내려고 고심한 드가와 자신이 목도한 잔혹한 세상사를 담담하게 펼쳐놓은 브뢰헬을 말할 때, 우리에게 과연 진실은 무엇인가에 대한 저자의 탐색은 집요하다. 삶의 불가해에 대해, 그리고 예술가들의 세속성에 대해 저자가 세상을 바라보는 눈은 냉정하다. 예술가들 중에는 순수와 진실로부터 도망치지 않았던 사람들이 있고 세상에 맞서고 세상을 껴안았던 사람들이 있다. 반면에 지독한 속물이거나 정의롭지 못한 사람들도 많다.

그리고 대중들의 예술가를 받아들이는 속물성에 대한 응시도 가차 없다. 우리가 포장하는 아련한 정서에는 다소간의 위선이 포함된다. 남의 슬픔 속에 나의 도피처가 있다는 아이러니 가운데 예술가는 희생양이 된다. 이것이 예술가의 역할이고 예술의 효용이다. 그러면 우리는 예술을 이용하는 염치없는 사람들인가? 아니다. 세상은 예술가에게 이용당하고 예술가는 세상에 이용당할 뿐이다. 우리는 고흐를 어떻게 이해하는가?

> '예술가의 자살'은 예술가에 대한 낭만주의적인, 신화적인 관념을 완성한다. 흔히들 고흐는 자살했다고 여긴다. 하지만 실제로도 그런가? 만약 고흐가 자살했다고 알려지지 않았다면 사람들은 이처럼 그를 사랑했을까? 자살을 통해 신화는 완성되었다. 세상은 예술가를 희생양으로 삼으려 한다. 이 지점에서 예술가의 자살은 손 안 대고 코풀기다. 허위의식의 세상은 타살에 대한 죄책감마저 떠안지 않으려 한다. 하지만 예술가는 그런 식으로 희생되어선 안 된다.

고흐는 목사가 되려다가 실패했고 창녀 시엔을 구제하려 했으나 스스로를 구제하지도 못했다. 현실과의 화해에도 실패했다. 에드가 드가가 세련된 멜랑콜리커의 전형이라면, 고흐는 우리가 생각하는 멜랑콜리한 예술가의 전형이다. 그러나 고흐가 표현하고자 했던 것은 감상적이거나 우울한 것이 아니라 뿌리 깊은 고뇌였다.

이렇게 고뇌와 영감과 통찰의 과정에서 탄생한 예술 작품은 어떤 이에게는 정서적 만족감을 준다. 좋은 일이다. 그런데 어떤 이는 그에 머물지 않고 이를 해석하여 의미를 캔다. 애상도 과장도 없이 담담한 이연식의 고흐에 대한 술회야말로 예술가에 대한 최고의 진혼곡으로 여겨진다.

사람들은 끊임없이 누군가의 인정을 받고 싶어 하지만 자신의 존재증명을 타인과의 관계 속에서 찾아보려는 시도는 늘 맥이 빠진다. 마음이 맞는 대상은 평생에 몇 명 만나기 어렵다. 가족 간에도 연인 간에도 친구 사이에도 정신의 친밀함은 쉽게 주어지지 않는다. 때로 심연을 건너뛰는 것처럼 어렵게 느껴지기도 한다. 그래서 우리는 멀리 찾는다. 외연을 넓힌다는 것은 책을 찾는다는 것인데 그러노라면 시린 외로움을 다소간 덜어낼 수 있기도 하다. 차선책으로 다가서는 책, 이루지 못한 꿈이 거기 있고 인정받지 못하는 애석함을 거기에서 달랜다. 책 속으로의 여행은 내 생각의 갈피를 잡아줄 해결사를 찾는 일이다. 특히 수고로운 작업이 켜켜이 쟁여진 책이 좋다. 오랫동안 음미할 내용이면 더욱 좋다. 책 속에 길이 있다. 그 길은 삶의 길이다.

이연식은 '왜 글을 쓰는가'라는 질문에 '자기연민에 빠지지 않기 위해서'라고 답했다. 그의 이번 책은 그러니까 자기연민을 치유하기 위해 자기연민(멜랑콜리)을 연구하였다는 셈이다. 그가 시도한 반전은 성공한 것 같다. 적어도 나는 자기연민은 조금 덜어내고 다만 달콤쌉싸름한 멜랑콜리만을 곁에 둔다. 세상은 물기를 머금어야 견딜 만해지니까. 어떤 사람의 얼굴이 맑은 이유는 그에게 자기연민이 없기 때문이 아닐까. 엄살, 징징대기, 내 아픔만을 강조하기, 그런 것들은 멀찌감치 놓고 따스한 시선으로 세상을 바라보기 때문일 것이다.

빈 방에 창문 하나

 질박한 모습의 탁자 하나가 홀로 창가에서 빈방을 지키고 있다. 창문으로 빗겨 들어온 햇빛이 탁자 위에 머물러 있는 정적을 가만히 비춘다. 적막감이 감도는 방을 둘러싸고 있는 탈색한 흰빛의 사면 벽은 불과 벽돌 한 장의 두께로 시정市井을 이렇듯 멀리한다. 이곳에 차례로 한 사람씩 잠시 들러, 그 한가함이 전하는 바가 마치 꿈속처럼 은은한 속에서, 그윽하게 응시하는 눈빛이 되었던 여인들이 있었다.

 그들이 조용히 떠나가고 나서 400년의 시간이 흐른 후, 신기하게도 많은 이들이 그 여인들이 남겨놓은 자취를 바라보며 고스란히 그때 그 인물들에게 동화되는 심정이 되곤 한다. 그리하여 이 정경은 우리를, 그저 바라보는 것으로 족足한 관조의 마음 자세로 이끌다가 드디어 말할 수 없이 아늑한 행복감에 잠기게 한다. 그러면서 한 편, 보이느니 텅 빈방에 그저 한 여인이 있을 뿐인데 과연 이렇듯 더없이 포근하고 따스한 정감이 고요히 가슴에 차오르는 듯한 안온한 느낌은 어디에서 연유하는 것일까 하며 가만히 고개를 갸우뚱해보는 것이다.

그러한 장면들 중에는 식사 준비 중에 우유를 따르고 있는 처녀의 모습도 있고 창문을 열고 창가에서 서성이는 부인도 있다. 레이스 뜨기에 열중하고 있는 소녀도 있고 하프시코드(피아노의 前身)를 연주하는 아가씨도 있다. 먼 곳에서 보내온 편지를 읽거나 그리운 이에게 답장 쓰는 일에 공을 들이는 부인도 있다. 이 여인들은 그저 사소하고 평범한 일상에 몰두할 뿐 심오하거나 난해한 것에 매달려있는 것은 아니다. 도피나 은둔을 꿈꾸는 것은 더욱 아니다. 세상에 대해 그들의 마음이 열려있다는 것을, 늘 밝은 햇살이 스며들고 있는 작은 창문으로 짐작할 수 있다.

이 심상尋常한 실내정경 속에는, 우리가 자신도 미처 깨닫지 못한 채로 가슴깊이 간직하고 있던 조촐하나 끈질긴 소망이, 태피스트리가 만들어내는 우아한 주름들 갈피에 나지막이 드리우고 있는 듯하다. 그러한 소망에 대하여 어떤 이가 전하기를 우리 인간이 살면서 간단間斷없이 분주하게 뭔가를 추구하는 듯이 보여도, 기실은 심저心底에 늘 내밀하고 고요하며 간결한 생에의 념念을 간직하고 있기 때문이라고 했다.

이렇게 우리에게 맑은 위로를 주는 정경을 그려낸 베르메르

(Jan Vermeer 1632-1675)는 자기의 그림들이 보여주는 것과는 전혀 상반된 환경에서 살았다고 한다. 장모가 경영하는 여관에서 무려 열한 명의 자녀를 거느리고 살았다고 하니 평소에 그의 주변은 퍽 번잡했을 것이다. 그러한 그가 그린 그림들이 주로 이렇듯 호젓한 분위기를 자아낸다는 것이 언뜻 의외인 것 같지만 다시 생각해 보면 매우 당연하게도 여겨진다. 나날의 소란스러움을 피해 외따로 떨어져서 한적한 시간을 갖고 싶었을 그의 심정을 짐작하기 어렵지 않기 때문이다.

베르메르뿐만이 아니라 많은 이들이 생활이 복잡하고 분주할수록 자기만의 빈 공간을 몹시 그리워하게 되는 것 같다. 예나 지금이나 사람들은 빈틈없이 짜여진 생활로부터 잠깐이나마 벗어나 마음의 빈자리를 돌아보고 생의 여백을 누리고 싶어 한다. 그러므로 우리가 그의 그림을 마주하고 이와 같이 정적인 장면에 젖어볼 수 있는 것은 역설적이게도 그가 한적한 환경에 처해있지 못 했던 덕분일 것이다.

그리하여 그는 이런 식으로, 바깥과 격리된 채 정적이 공간을 채우는 실내의 정경을 그의 심중의 풍경으로 삼아 즐겨 표현했던 것 같다. 그의 그림들 속 여인들이 혼자일 때가 많다는 것은 그가 자신의 조용한 내면을 홀로 있는 여인의 모습 속에 투영했다는 것을 의미한다. 여인들의 단정한 자태 속 머리채를 가린 흰 두건이 그림에서 두드러진다. 이는 숨어들고 싶은 화가의 마음을 나타낸 것일까. 그는 또한 때때로 그림 전면에 공들여 그린 빈 의자를 배치하는 것으로 누군가를 기다리는 마음을 전한다. 외로움과 그리움과 미지의 것에 대한 동경이야말로 모든 문학과 예술의 시원始原일 것이다.

인간에게 혼자가 된다는 것은 어떤 의미가 있는가. 사람들은 왜 이따금 혼자 있고 싶어 할까. 결코 혼자서는 살아갈 수 없다는 것을 잘 알면서도 홀로 머무르는 자기만의 시간을 소중히 여긴다. 그래서 어떤 이는 진정한 여행은 혼자 하는 것이라야 한다고 했다.

그러나 베르메르와 일군의 플랑드르 화파의 그림이 우리에게 각별한 이유는 그들이 취한 소재가 여행 등 일상으로부터의 탈피가 아니라 일상성의 유지에 있다는 것이다. 일상을 벗어나지 않으면서 일상으로 말미암아 지치지도 않는 작은 여유를 보여주고 있어 사람들이 그의 그림에 이다지도 깊이 공감하게 되는 것이리라. 문득 올려다 본, 작은 창문만큼 한 하늘의 푸른 빛으로도 마음은 충분히 그득하게 되고 그러면 우리는 그것을 청량제 삼아 누추하거나 번거로운 현실을 견뎌나갈 힘을 얻게 되는 것이다.

베르메르에 의해 구현된 홀로 머무는 여인들의 표정은 헤프게 웃지도 않으며 어설프게 감상적이지도 않다. 견고한 표정 속 세상을 응시하는 그녀들의 시선이 아름답다.

시를 써보고 싶었다

여섯시에 맞춰놓은 라디오가 켜지면서 음악이 흐른다. 아련한 선율 속에서 서서히 깨어나는 아침이 좋다.

Sometimes I feel like a motherless child.
가끔씩 나는 엄마 없는 아이처럼 느껴져요.

울려나오는 흑인영가를 들으며 가라앉은 소리로 제목을 뇌어본다. "당신은 sometimes야? 나는 always인데." 서로 등 돌리고 자던 터라 잠결에 남편의 웅얼거리는 소리가 꿈처럼 멀다. 눈도 못 뜬 채로도 피식 웃음을 머금는다. '흥, 잠 속에서도 외롭단 말이지. 그렇지 뭐, 다들.' 속으로 중얼거리는데 언젠가 보았던 드라마의 장면이 떠오른다.

요즈음 남편이 이상하다. 뭔가 딴 생각에 잠겨있는 모습이다. 이유도 없이 밖에서 시간을 보낸다. 드디어 아내는 우연히 어느 아파트로 들어가는 남편을 목격한다. '남편에게 새 여자가 생겼구나.' 그의 또 다른 집을 확인한 아내의 되돌아서는 발걸음이 허방다리를 짚는다. 늦게 귀가한 그의 얼굴이 어느 때보다 온화하다. 다그친다. 그는 비밀 들킨 것이 못내 아쉬운 표정이다. 아내는 그 뻔뻔스러움에 기가 넘어간다. 그의 입에서 엉뚱한 대답이 나온다.
"시를 써 보고 싶었어."

그런데 그는 왜 매일 그 집에 갔던 것일까. 남편의 해명은 이렇다. 그는 몹시 지쳐 있었다. 매사에 의욕이 없고 사는 게 시들했다. 학창시절에 시를 쓰려고 애쓰던 풋풋한 정감이 불현듯 그리웠다. 책 몇 권과 함께 휴식과 고독을 즐겼으면 하였다. 아니 그저 홀로 있고 싶었다. 마침 동료 한 명이 꽤 긴 출장을 가족과 함께 떠나게 되었다. 그는 어렵게 허락을 얻어 빈집에 휴식처를 마련하였다. 남편의 고백에 아내는 안도하였다. 그러나 그녀의 가슴에는 다른 여자에게 남편을 빼앗겼다고 생각했을 때의 절망감과는 또 다른 박탈감이 밀려왔다.

드라마는 이 시대 중년의 고독을 찬찬히 보여준다. 사십대 중반의 가장이 사는 넓지 않은 집은 늘 부산스럽다. 직장에 가면 그는 커다란 사무실에 나란히 놓여 있는 십 여 개의 책상

중에 고작 하나를 차지할 뿐이다. 어디에도 자기만의 공간이 없다. 가족을 사랑하지 않는 것은 아니다. 그러나 살아가며 어느 한 때는 누구의 아들, 누구의 남편, 누구의 아버지를 훌훌 털어버리고 오로지 자기 자신이고 싶다. 간절히 혼자 있고 싶다는 것은 아내가, 자식이 나누어 가질 수 없는 그 무엇이 그의 안에 자리하고 있다는 뜻이다.

이렇게 인간내면에 도사리고 있는 '혼자되고 싶은 갈망'을 영화 ≪아웃 오브 아프리카≫는 아름다운 그림으로 그려낸다. 아내가 이루어놓은 꽉 짜인 안락한 가정의 일상이 갑갑해지면, 남편은 경비행기를 몰고 훌쩍 날아간다. 빈방의 고독 대신에 그는 광활하게 펼쳐진 하늘의 막막함을 택한 것이다. 그가 푸른 하늘을 유유히 활강할 때 선율 찬란한 음악은 화면을 가득 메운다. 그러한 장면을 바라보며 사람들은 적막한 자아 속에서 온전하게 풍요로운 정신의 자유를 만끽하는 세계를 가슴 저미게 동경한다.

아이가 어렸을 때 하루 종일 함께 시간을 보내다 보면 탈출구가 필요했다. 가끔 남편은 아이를 데리고 외출하여 내가 혼자 있을 수 있도록 해주었다. 남편은 아이를 독점하여서 좋고, 딸은 아빠한테 마음껏 응석을 부릴 수 있어서 좋고, 나는 홀로 남아서 좋았다. 세 식구가 다 만족할 수 있었다. 음반을 걸어놓고 조용한 시간을 즐기던 그때 그 몇 시간이 참으로 소중했다.

우리들 대부분은 몰개성하고 추종적인 생활 가운데 항상 타인을 의식해야 하고 누군가에게 보여주는 생활을 해야 한다. 짜여진 일정으로부터의 일탈이 허용되지 않거나, 자발적인 뭔가를 이루기가 어렵다. 이때 사람들은 혼자 있을 때 비로소 찾아오는 자유에 눈을 뜬다. 누구의 방해도 받지 않고 호젓하게 자기 시간을 마음대로 쓸 수 있기를 꿈꾼다.

도심을 걸으며 여러 방들을 지나친다. 산소방, 수면방, 노래방, 비디오방 그리고 네온불빛 강렬한 방. '지상의 방 한 칸'을 지닐 수 없는 사람들에게 이 방들이 잠시나마 자기만의 공간을 가져보게 해주지 않을까.

그 휘황한 길 위에서 열 살짜리 사내아이가 자기 엄마에게 제법 진지하게 자신의 결혼계획을 밝히는 대화내용을 얼핏 듣는다.

"아무래도 결혼을 일찍 해야 할 것 같아요."
"왜, 무슨 이유가 있어?"
"그냥… 가끔 외롭거든요."
"결혼을 일찍 하고 싶으면 그렇게 하렴. 그런데 말이다. 결혼을 했다고 외롭지 않은 것은 아니란다. 어쩌면 더 외로울 수도 있어."

4부

신록의 노래
폭포, 번지점프를 하다
그래서, 너를 본다
그가 명작을 못 쓰는 이유
흰 명주천에 대한 기억
귀여운 여인
임진년, 신립을 애도함
네거티브 인생독법 人生讀法

신록의 노래

 천년을 기다려 꽃으로 피어났을 것입니다. 또다시 천년의 세월을 더하여 그 빛깔과 그 모습에 어울리는 향기를 지니게 되었을 것입니다. 한 방울의 물과 한 움큼의 햇빛으로 빚어낸 기적, 날마다 기적입니다. 연하고 연한 순하고 순한 그대 꽃봉오리의 기적을 본받아 나도 나의 기적을 짓습니다. 나도 한 방울의 물과 한 줌의 햇빛으로 연하고 연한 순하고 순한 새움을 터 신록으로 세상을 맞습니다.
 오랜 세월의 원願을 새겨 얻은 귀한 모습이어서일까요. 당신은 너무나 보드랍고 가냘파서 미풍에도 견디지 못할 것 같군요. 그대가 행여 다칠까 봐 조심조심 감싸고 싶은데 가까이 가지 못하겠습니다. 그대 섬세한 살갗은 가볍게 스치기만 하여도 멍이 들고 살짝 닿기만 하여도 상처를 입을 테니까요.

그대를 지척에 두고도 마냥 바라보기만 할 수밖에 없어 나는 애가 탑니다. 그렇지만 이렇게 바라보고 지켜볼 수 있어서 말할 수 없이 행복하기도 합니다.

　당신은 아름답습니다. 사랑에 눈멀어 그대가 아름답게 보이는 게 아니라 당신이 아름답기 때문에 아름다워 보이는 것입니다. 그런데요. 나는 당신이 아름다워서 당신을 사랑하는 것은 아닙니다. 그저 당신이니까 당신을 사랑합니다. 그러니까 아름다운 당신을 사랑하는 게 아니고 그냥 당신을 사랑합니다. 아, 그러고 보니 나는 사랑에 눈멀어 당신이 이 세상에서 가장 아름답게 보입니다.

　당신의 아름다움이 돋보이는 것은 당신이 지닌 간결함 때문입니다. 욕심의 군더더기가 없기 때문입니다. 또한 당신은 그 무엇에도 헤프지 않습니다. 슬픔에도 일그러지지 않고 기쁨에도 들뜨지 않습니다. 당신의 절제가 눈부시어 나의 눈매가 가늘어집니다. 한 때는 사랑의 밀어를 간절히 원할 때도 있었으나 당신의 간결함과 당신의 절제를 배워 이제는 그저 말없이 충만한 합일의 기쁨을 누릴 줄 알게 되었습니다. 당신은 그러한 간결함과 절제로 나의 심중을 헤아립니다. 내가 당신을 사랑한다고 말하면 '나는 당신이 제일 어여쁩니다.'라고 기쁘게 알아듣고 내가 당신을 아름답다고 말하면 '당신을 사랑해요.'라고 즐겁게 알아듣습니다.

　내 안의 소년은 아무 것도 의식하지 않고 오직 열렬히 그대를 사랑하는 일에만 열중할 뿐입니다. 그대 안의 소녀가 배시시 어여쁜 웃음으로 나의 사랑에 화답합니다. 그대가 내게 말했습니다. 내가 당신을 사랑하는 것은 당신이 아름답기 때문, 그리고 세상의 많은 것에 대해 서로 대화를 나눌 수 있기 때문, 그러나 무엇보다도 당신이 내게 무한히 너그럽기 때문이라고. 나는 그대의 사랑을 잃지 않으려고 그대의 말을 가슴 깊이 명심합니다. 내 안의 순정, 순수, 내 속에 들어있는 가장 좋은 것, 가장 아름다운 것이 그대를 만날 때면 표정도 선명하게 파릇파릇한 싹을 틔울 수 있도록.

수줍은 미소를 머금을 때의 모습은 청순하여도 당신은 마냥 다소곳하지만은 않아요. 깜찍한 눈웃음으로 애교도 부릴 줄 알고, 가벼운 투정으로 응석도 곧잘 부립니다. 달빛이 은은할 때엔 요염한 자태를 뽐내기도 하지요. 때로 당신은 꽃잎 팔랑이며 바람과 희롱하고 도란도란 벌 나비와 소곤거리느라고 내가 다가가도 알아채지도 못합니다. 나는 시무룩하여 괜시리 아직 깨어나지 않고 나무등걸에 붙어있는 애벌레의 고치를 집적거려 봅니다. 예쁘고 귀엽고 앙큼하고 매정한 그대, 그대는 어쩌면 그렇게 내 마음을 잘 알아 나를 꼼짝 못하게 옭아맵니까?

며칠 동안 봄볕이 좋더니 어젯밤에는 제법 큰 비가 내렸습니다. 비바람에 그대 지쳐 쓰러질까 봐 나는 가슴을 졸였습니다. 그래도 의연히 말갛게 씻긴 얼굴로 그 역경에도 당신은 억세어지지도 거칠어지지도 않고 순한 모습 그대로 아침햇살 아래 연한 꽃잎이 곱습니다. 산들바람에도 바르르 미세한 떨림이 애처로웠건만 폭풍우를 견뎌내는 모습에 나는 오로지 당신이 대견할 뿐입니다. 내가 기뻐하니 나의 몸에도 저절로 윤기가 흐릅니다. 그대를 사랑하다가 나는 드디어 온 세상을 제대로 사랑하는 법을 깨우치게 되었나 봅니다. 내 몸은 어느새 이렇듯 천지에 위안을 주는 녹색으로 세상을 덮게 되었으니까요. 사랑이 지극하면 아름다움으로 현현한다고 하던가요.

어느덧 당신의 얼굴에 어쩔 수 없이 드리우는 허무의 그림자를 나는 가슴 아프게 지켜봅니다. 당신이 나를 사랑하는 것을 나는 알아요. 하지만 당신이 가실 때는 뒤도 안 돌아보고 훌쩍 가버릴 것이라는 것도 나는 알아요. 그대 가세요. 미지의 세계를 돌아 오랜 기도로 한 하늘이 열리면 당신은 빛의 날개를 달고 구름 속의 햇살처럼 다시 돌아올 것도 나는 알고 있으니까요. 그대가 먼 길 마다않고 찾아오면 나도 그때까지 휘돌아온 세상의 이야기를 들려드리겠습니다. 그러니 내가 삶의 의지로 하늘 향해 치솟는 것이나 날로 짙은 음영을 드리우는 것은 오직 당신 향한 그리움 때문입니다.

그리워서, 그리워서 그리움이 목까지 차오르면 터져 나오는 꽃망울. …이제 나는 기다림을 준비해야 하나봅니다. 애달픈 내 마음은 그대에 대한 기억으로 시름을 잊고 다만 그리움으로 푸르러, 푸르러.

폭포, 번지점프를 하다

 시간이라는 물결에 흔들리며 기억의 뗏목에 올라타서 상상의 돛을 펼치는 인간들. 그들은 세상을 기억의 능력으로 자각하고 상상의 힘으로 설계하여 항상 유형무형의 무언가를 맹렬히 꿈꾸고 시도하고 조작하고 실험하며 별의별 짓을 다 해왔다.
 생애의 대부분 동안에 먹이를 구하고 종족을 번식시키는 것만이 당면과제인 여타 생물들과 달리 인간은 금욕과 향락을 자유의지로 넘나들며 일삼아서 놀이삼아서 존재를 탐구한다. 그러면서 툭하면 자신을 풀이나 바위에 대보고, 새나 물고기에 대보면서 엄살이 늘어진다. 우리가 바람 앞에 유연한 한포기 풀보다 못하다고, 석양을 등지고 날아가는 한 마리 작은 새에 못 미친다고. 이렇게 의식의 장난이 요란스러운 인간의 탐욕은 참 귀엽다.

나는 기억한다, 고로 존재한다.

폭포는 소리로 먼저 온다. 벼랑 끝에서 뇌성으로 포효하며 추락을 감행한다. 녹색으로 평화롭던 수면은 순식간에 창백하여져서 혼절할 지경에 이르러 모든 색을 버리고 하얗게 빛나며 새 세상을 맞는다.

물은 자기 앞의 절벽을 몰랐을까. 아니 아마 짐작할 수 있었을 것이다. 바다에서 소금 몇 알갱이 남겨놓고 하늘로 올랐던 기억, 구름과 비의 기억, 대지의 품속에 스며들어 옹달샘으로 퐁퐁 솟던 기억…. 돌고 돌아 제자리. 그 오랜 윤회의 굽이굽이에서 때로 태평하고 때로 소용돌이치던 기억을 잊었을 리가 없다. 그렇다면 추락을 반복하는 폭포에게 기억은 아무런 쓸모가 없는 것일까.

많은 신화와 전설에 뒤돌아보지 말라는 얘기가 들어있다. 기억이라는 지층의 두께를 쌓지 말고 저 높은 존재를 향해 앞만 보고 가라고 한다. 뒤돌아보면 돌이나 소금 기둥으로 만들겠다는 것이다. 이 설화들은 그러니까 스스로 사고하고 판단 내리기 시작하면 재앙이 오리라는 경고의 메시지다. 그러나 자각은 기억의 집적이 있고서야 가능하다. 자각을 통한 각성의 바탕에서 존재에 대한 성찰과 문명의 퇴적은 비로소 가능해진다. 신의 경고를 무시한 인류는 운 좋게도 아직은 살아남아 있다.

　물은 착하게도 순순히 충고를 받아들여 뒤돌아보지 않는다. 그러나 그 모습에는 도망치거나 숨지 않겠다는 고집이 선명하다. 하늘을 날 듯 드넓은 공간을 가로지르며 비말 되어 흩어지는 물방울을 베일로 거느리고 폭포는 의연하게 멀리 포물선을 그린다. 기꺼이 떨어지리라. 그리고 그때마다 반드시 깨어 있어 오직 앞으로 나아가리라. 절벽을 겁내어 후회로 훌쩍이며 어설픈 자기연민으로 징징대지 않으리라. 한 순간의 영광을 위해 크고 원대하게 공중낙하를 감행한다. 각성의 순간은 느슨한 상태에서는 찾아오지 않는다. 개미처럼 벌처럼 부지런하다고 되는 일도 아니다. 깨달음은 깨고 나올 때 얻어진다. 드디어 고독한 질주 속 태양의 환영을 받아 순백의 폭포는 일곱 빛깔 무지개를 목에 걸고 의기양양하게 승리를 선언한다.

　무사히 자유낙하를 마친 폭포는 잠시 소沼에 잠겨 아우성을 접고 안도의 한숨을 쉰다. 황홀한 추락 뒤의 달콤한 휴식이다. 폭포를 받아내는 소의 깊이는 폭포의 길이만큼 깊다. 떨어지는 기세가 대단할수록 품어주는 소의 역할도 크다. 그리하여 이제 물이 흘러갈 채비를 하며 또 하나의 기억의 단층을 아로새기는 것을 도와준다. 기억 한 겹이 사르르 쌓인다. 흰빛 포말의 격렬함 뒤에 오는 고요는 다시 초록빛을 찾는다.

나는 상상한다, 고로 존재한다.

인간의 기억은 쓸모가 있다. 인간은 실로 삼백만년의 궤적을 거슬러 시행착오를 딛고 못 하는 일이 없다. 지느러미가 없어도 물속에서 유영하고 날개가 없어도 하늘을 날 수 있다. 물에 떠내려가는 나무토막이 범선으로, 날갯짓 유연한 독수리의 비상이 비행기로 체현되는 동안 시간이 좀 필요했을 뿐이다.

인간은 흉내쟁이다. 스킨다이버의 유연한 몸짓은 상어를 닮았고 행글라이더의 고공을 활공하는 모습은 갈매기의 모습과 겹친다. 까치의 높은 보금자리가 부러웠던 건축가들 덕분에 도시의 마천루가 하늘 높은 줄을 모른다. 스파이더맨들이 시공간을 가로지르는 world wide web으로 난공불락의 거미의 집을 짓는다. 천문과학자들이 밤하늘의 인공위성을 별인 척 행세하도록 허락한다.

변덕스럽고 탐욕스러운 인간들은 역사라는 이름의 기억창고를 뒤지고 상상의 꽃을 피워 어지러운 군무의 세계를 펼쳐내고 있다. 태양이 만들어내는 그림자를 살피다가 카메라 옵스큐라를 통해 우리에게 선사하던 일루젼은 이제 영상매체가 되어 현대인의 문화생활 전반을 제패한 것 같다. 달에서는 이미 계수나무 옥토끼가 쫓겨났으며 플라스틱 쥐가 연인들의 우편배달부를 대신한다. 배아복제로 조물주의 영역이 침범 당하고 무한용량의 컴퓨터 칩 속에는 인간의 고유영역인 생각과 판단의 기능마저도 내장될 지경에 이르렀다. 거대무변한 우주, 섬세미묘한 인간의 뇌만 그나마 아직 미완의 정복 대상이다. 이즈음에 와서는 인간에게 불가능한 일은 없어 보인다. 무소불위.

그런데 이러한 기억과 상상의 합작품들 속에서 인간은 행복하지 않다고 불평한다. 문명의 세계는 참으로 무미건조하여 삭막하기가 사막 같다고, 생명의 출렁거림을 잃고 낭만이 버려졌으며 인간미가 없다고 흉을 본다. 인간들을 군중 안의 고독 속으로 경쟁의 아비규환 속으로 몰인정과 비인간의 세계로, 소외와 탈인간화의 진행 속으로 몰아넣고 있다고 하소연한다. 기계화에 밀려 일개 소모품으로 전락한 자신의 신세가 가련하다고, 인공에 밀려난 자연이 생태계의 파괴로 신음한다고 슬퍼한다. 예전보다 살기가 편해졌다고 하면서도 마음이 공허하다고, 소통과 공감과 서정과 같은 단어들이 빛을 잃고 있다고, 얻은 것보다 잃은 것이 많다고 애석해한다. 항우울제와 두통약에 대한 의존도가 점점 높아가는 현대인의 삶을 회의적 잿빛 전망으로 진단하며 절망한다.

수직상승의 욕구가 지나쳐 너무 많은 것을 추구하다가 그만 멀미가 났나 보다. 그에 대한 보상심리가 사람들을 추락의 쾌감 쪽으로 인도한다. 폭포의 모습 하나에도 만 가지 상상의 세계와 요설이 난무하는 것이 인간세상이다. 이전 사람들은 물의 낙차를 이용하여 분수의 물줄기를 뿜어 올리고 목소리를 옮기고 소리와 영상을 재생하고 빛과 에너지를 생산하는 일에 몰두했다. 폭포로부터 그런 것들을 배웠다. 그런데 이제 폭포의 자유낙하에 흥미가 당긴 이들이 밧줄에 목숨을 담보하여 높은 절벽에서 번지점프를 한다.

아찔하게 떨어지던 몸은 일순 솟구쳐 오르는 것처럼 보인다. 그러다가 수직으로 내리꽂힌다. 시계추처럼 왕복으로 흔들리다가 멈춘다. 시간이 잠긴다. 고독연습이다. 희열 속에 차분한 평화가 가라앉는다. 그러나 절망의 덫은 가공의 것, 가짜다. 추락의 끝에서 이것은 달콤한 허위다. 목마르게 필요했던 현실도피의 막간극은 이렇게 완성된다.

인간, 나약하고 겁 많고 사랑과 관심을 찾아 애달픈 존재들. 세상은 눈 돌아가게 변화무쌍하건만 인간의 본성은 그리 크게 변하지 않고, 변하지 않는 본연의 모습 때문에 사람들은 괴롭다. 현실은 그들이 꿈꾸는 세상에 늘 못 미치고 어긋난다. '내 진즉에 그럴 줄 알았거늘, 까불더라니.' 저 높은 곳에서 한탄하는 소리가 들리는 듯도 하다. 이쯤에서 인간은 자기들이 기억과 상상을 토대로 벌여놓은 일들을 후회해야 마땅할까? 그 대신 고작 엉뚱한 짓으로 위로받고자 한다.

인간, 참 귀여운 이율배반의 존재, 폭포로부터 번지점프를 배우다.

그래서, 너를 본다

봄, 보다.
봄은 진정 '보다'에서 유래하였는지도 모르겠다.
생명은 움직임이다. 봄에 그 움직임이 가장 분주하다. 자연이 펼치는 아름다움에 눈을 떠 삶의 경이로움을 찬탄한다는 의미로 이 계절의 이름이 봄이 되었다고 한다. 겨우내 앙상하던 나무들의 우듬지까지 물이 오르면 먼 산의 나무는 뽀얗게 연두색의 안개 같은 후광을 둘러 잔가지의 윤곽이 아련히 번져 나간다. 그러면 물기 머금은 샛바람은 꽃의 향연을 예고하고 세상은 청신한 신록에 포근히 안긴다. 동토를 견딘 나무에 새움이 트는 정경은 해마다 새롭다. 마냥 겪는 신비다. 모든 생명이 탈바꿈을 할 때, 그 변화를 지켜보는 눈이 있으니, 봄을 맞아 봄을 본다.

본다는 말에는 무한정의 의미가 담긴다. 나는 너를 알고 싶다. 마음을 다하여 이해하고 싶다. 볼 때마다 너는 새롭다. 언제나 처음이다. 아마도 나는 너를 아주 많이 깊이 사랑하게 되었나 보다. 너를 본다. 찬찬히, 오래.

바람, 바라다.
세상의 욕망이 충족되면 부산하던 대기는 잠시 움직임을 멈춘다. 그러나 만족의 순간은 짧고 새로운 욕망이 새록새록 몰려온다. 대기는 심부름꾼, 안주를 거부하는 '바람구두를 신은 사나이'들에게 끌려 다닌다. 정착을 모르는 대기 속에서 욕망의 부대낌에 따라 나부끼며 옮겨 다니는 숙명을 지닌 바람은, 스스로는 모습을 나타내지도 못하고 다른 존재를 통해서만 실체를 감지하게 한다. 그 얼마나 간절한 바람이기에 형체도 나타내질 못하는가.

오늘은 바람이 세차다. 누군가의 유랑의 갈망이 이리 몰아치나보다. 나는 이 바람을 속절없이 겪어낸다. 휘둘린다. 웃음이었다가 울음이었다가 때로 섬세하게 때로 광포하게 내면을 떠도는 안간힘, 꿈.

우리들 마음의 행로는 이리저리 뒤척이는 바람을 닮았다. 눈에 보이지 않고 만질 수 없는 바람은 그래서 은밀한 충동과 자유로운 영혼의 비상과 미지의 세계에의 열망에 대한 환유로 그 역할을 충실하게 하고 있다. 모든 일탈은 다 바람이다.

바다, 바라보다.

겨울바다를 앞에 두어본 적이 있는가. 폭풍 가운데도 아닌데, 심청색의 퍼런 물빛은 넘실거리며 나를 향해 몸피를 부풀려 시야 한가득 솟구친다. 살아라. 잘 살아라. 열심히 살아라. 시퍼렇게 깨어 있어라. 그렇지 않으면 용서하지 않겠다. 바다는 으르렁거리며 협박한다. 은빛 날개의 갈매기 끼룩거리고 알 수 없는 기쁨으로 내 마음도 저 높은 파도마냥 한껏 부푼다. 오싹한 희열이다. 희망의 모습은 그래서 늘 겨울바다 저 먼 수평선의 시린 눈부심이다.

'바다'의 옛말이 '바라'라고 한다.

그러니까 바라본다는 것은 바다를 본다는 것이다. 바라본다는 말은 못 가본 곳에 대한 동경과 다다르지 못한 것에 대한 희망과 멀리서 오고 있는 미래에 대한 기대로 우리를 들뜨게 하는 힘을 지닌다.

파도에 씻겨 깨끗한 흰모래, 부서진 조개껍질의 한 살이를 즈려밟고 오래도록 바다 앞에 서서 바다를 본다. 바라본다.

사람, 그리고 사랑

사람과 사랑의 모양이 비슷한 이유가 있다. 사랑이 없으면 무가치한 것이 사람이기 때문이다. 나는 너에게로 나아가고자 한다. 네 속에 들어가고 싶다. 너를 채워 공허함을 지우는 나, 내 안에서 비로소 온전해지는 너. 너를 위해 내가, 나를 위해

네가 존재한다. 그래서 나의 글자 모양은 밖으로 향하고 너의 글자 모양은 안으로 향한다. 나의 방향성은 원심력을 지향하고 너의 방향성은 구심력을 추구한다. 그리하여 나의 유아독존에서보다 오히려 너라는 타자 속에 나는 더 많이 들어가 있다.

사랑이란 나를 벗어나 너에게 닿으려는 마음이다. 우리는 간절하게 사랑이 필요하고 늘 사랑에 목마르다. 나는 한숨지으며 너라는 존재를 향해 그 반향을 기다린다. 네 눈에 비친 나의 모습 앞에서 내가 행복할 수 있으리라는 기대는 과연 온당한가. 도달할 수 없는 희망이라는 이름의 절망, 산다는 것.

봄과 바람과 그리고 바다.

모두 구체적인 사물과 현상을 이야기하는데, 그에서 연상되는 '보다, 바라다, 바라보다'는 어떤 대상성을 추구하지만 어느 정도 모호한 개념을 내포한다. 그 말들이 인생의 오묘한 추상을 거느린다. 현상에 기대어 관념을 말하는 언어 속에 삶의 지향과 모순이 갈등하며 수군거린다. 진실을 품는다.

그 속에 들어앉아있는 나와 너, 우리. 사랑하는 사람들.

언어는 꿈꾼다, 오늘도 그리고 또 내일도.

그가 명작을 못 쓰는 이유

　신간은 쏟아져 나오는데 정작 책은 팔리지 않는다고 한다. 예전에 100만부였던 베스트셀러의 기준을 지금은 30만부 정도로 대폭 하향 조정했다는 말도 들린다. 사람들이 책을 사보지 않는 데는 여러 이유가 있겠지만, 이제 활자매체가 영화나 TV 등의 영상매체와 인터넷 등 사이버문화의 도래에 더 이상 맥을 못 쓰게 된 것이 가장 큰 원인이라는 중론이다.
　종이문학은 오로지 언어의 나열에만 의존하므로 온갖 시청각적인 이미지가 현란하게 범람하는 영상매체에 아예 적수가 되지 못한다. 또한 지금은 컴퓨터의 스크린을 통하여 비록 익명으로나마 참여의 길이 열려있는, 각자의 의견표출이 뜸들일 새 없이 속전속결로 이루어지는 스피드시대. 그를 바탕으로 하는 사이버문학과 달리 책으로 된 문학은 작가와 독자 상호간의 대화가 원활하지 않은 일방적 단선구도일 뿐만 아니라, 만만치 않은 시간과 집중력을 요하는 독서행위가 전제되어야한다. 시류가 이렇다 보니 종이문학에 군중은 관심과 시간을 할애할 의사가 별로 없고, 독자 잃은 문학은 홀로 망연자실하다.

그럼에도 불구하고, 문학 애호가인 문촌文村선생은 산문의 힘을 굳게 믿어 의심치 않았다. 동同시간대를 지향하는 즉흥의 문화가 갖는 일과성이라는 한계도 분명하려니와 문학이라는 언어예술에의 향수는 인류의 유전자에 깊이 각인되어있는 본향이라는 생각 때문이었다. 다만 작금의 문학 침체에 대해서는, 기성문인들이나 출판 종사자들이 변화하는 현실을 도외시하여 현재 진행형의 문화 제반의 흐름에 몰이해와 외면으로 일관하는 까닭에, 참신한 면모를 보여주기는커녕 구태의연한 답습에 머물러 있는 것에서 그 원인을 찾았다.

시공을 초월하여 인류 보편의 심성과 정서에 다가가는 내용에 시대의 흐름에 호흡을 같이 하는 문장이 어우러진다면 독자들이 외면하지 않으리라. 무한한 선험적 상상력에 치밀한 구성과 정제된 지성, 또는 오감에 호소하는 서정을 보태어 현대인의 기호의 정곡을 찔러준다면 대중은 언제라도 열렬한 독자로 변신할 준비가 되어있으리라는 예측은 그의 굳건한 바람과 믿음이었다. 쓰자고 덤비면 못해낼 것도 없다. 당대에는 베스트셀러로 낙양의 지가를 올리고 세월이 흘러감에 따라 시대를 넘어 살아남는 고전으로 자리매김 될 불후의 명작은 탄생하기에 그리 어렵지 않아 보였다. 그가 지닌 과도한 낙천적 기질은 이쯤에 이르러 어김없이 발휘되어 바야흐로 과대망상의 기미가 농후하였다.

그러나 행하기보다 말은 얼마나 쉬운가. 오래지 않아 그도 그 사실을 통감하였다. 사람들이 깊이 심취하고 경도되어 진한 감동으로 평생을 가슴속에 간직할 작품, 무수히 많은 문인과 예술가가 인용함으로써 거듭 되새겨 줄 문장의 출현을 위하여 그는 각고의 노력으로 심혈을 기울여 온 바, 그렇게 시도한 작품들은 하나같이 공교롭게도 기왕의 작품들의 모방에 불과하게 되곤 하는 것이었다. 가령 동심 속에서 싹 튼 앳된 연정을 말하려고 했더니 자꾸만 황순원의 〈소나기〉나 알퐁스 도데의 〈별〉 비슷해지는 것이었다. 인간 존재의 심연을 논구할 때 철학이나 종교가 지니는 한계를 넘어 설 구원자는 문학 밖에 없을 것이었다. 그렇다고 한들 도스토예프스키의 우울한 천착과 토마스 만의 꼼꼼한 성찰을 능가할 작품을 완성하기는 도저히 불가능해 보였다.

방향을 바꾸어도 결과는 언제나 마찬가지였다. 이런 저런 글감을 아무리 모색하여도 모든 영역에 전인미답의 신천지는 전혀 남아있지 않았다. 문학의 역사는 너무 길었고 그 역사를 살다 간 천재적 문장가들 또한 너무 많았다. 문학의 모든 영역에 모든 유형은 거의 다 이루어져 있었으니, 사유의 세계에서도 서정의 세계에서도 산문문학은 이제 만원이라는 때늦은 각성으로 문촌 선생은 낙심천만의 심정이 되었다. 자신도 일찍 태어났더라면 셰익스피어도 몽테뉴도 박지원朴趾源도 호적胡適도 될 수 있었을지 몰랐다.

그러니 그가 명작을 못 쓰는 이유는 재능이 없어서도 열의가 모자라서도 아니고 단지 세상에 너무 늦게 태어난 때문이었다. 이제는 아무리 글을 잘 써도 기껏해야 기존 작품들의 사족이나 아류밖에는 될 것이 없어 보였다. 한숨이 절로 나왔다. 그러다보니 자신의 문학을 향한 열정 자체에 깊은 회의가 스며들었다. 직접 글을 써보겠다고 덤비지 않았더라면 훨씬 행복하였을 것이라는 또 다른 회환이 밀려왔다. 그렇듯 많은 불후의 명작들에 둘러싸여 그 뛰어난 작품들을 음미하며 살고 있다는 것만으로도 마냥 흡족해 마지않았던 그가 아니었던가.

그러한 낭패감에 빠져있는 중에도 창작에의 욕구를 아예 접을 수는 없었다. 이 끈질긴 미련의 정체를 암중모색한 끝에 그는 체념어린 결론에 도달했다. 문학에의 열정이란 다만 생각하고 느끼고 그것을 언어로 표현하고 싶어 하는 자기 마음의 소산일 뿐이니 세상의 명리名利에 마음을 두지 말 일이다. 드디어 그가 불후의 명작 콤플렉스에서 벗어나는 순간이었다. 읽히지도 않는 글을 무엇 때문에 쓰면서 아까운 펄프를 낭비하느냐는 주변의 질책성 어린 의구심 앞에서도 이제는 약간 기를 펼 수 있게 되었다.

그렇다면 정녕 문학은 이제 기존의 것만으로 충분한가? 지칠 줄 모르는 낭만적 몽상가인 문촌 선생에게 그것은 심각한 화두였다. 그의 평소의 성향으로는 어떤 사안에 대하여 비관적 전망을 내놓는 일은 견딜 수 없는 일인 것이다. 고착되어 화석화된다면 산문문학은 과거사로 남겨지거나 영화나 드라마 등을 위한 주변역할에 머무르고 말지도 모른다는 걱정으로 고심하는 중에, 그는 뜻밖에 문학이 아닌 음악의 역사에서 일말의 심적 돌파구를 마련할 수 있었다.

드뷔시가 음에 대한 새로운 시도로 '목신의 오후' 등 일련의 작품들을 세상에 선보였을 때 파리의 음악계는 일제히 그의 음악은 단지 불협화음을 이어놓은 소음일 뿐이라고 비난했다. 이에 대한 그의 반론은 단호하고도 당당했다.

"아름다운 음악이라면 이 세상은 모차르트의 것만으로도 넘쳐난다. 고운 선율은 이미 너무 많다."

어느 예술 분야에서건 당대의 대담한 시도는 후세에는 고전으로 남는다. 혹평에 시달렸던 드뷔시의 음악은 오늘에는 인상파를 대표하는 고전의 반열에 당당히 편입되었다.

"위대한 음악가는 한 민족에 한 명 나오기 힘들어요. 핀란드에서는 시벨리우스 한 사람 간신히 나왔고, 노르웨이에도 그리 그 말고는 없고, 체코에 스메타나와 드보르작 정도 있지요. 우리나라에서는 유일하게 김순남이 세계적이라 할 역량이 있었는데 시대가 그를 키우지 못했어요."

비디오 아티스트 백남준의 해석이었다. 한 재능 있는 인간이 문화유산을 남기게 하려면 그가 속한 시대도 그에게 협조를 잘 해야 한다. 김순남은 불운하였다.

문학의 세계도 이와 같다. 한 민족, 한 시대에 손꼽을 수 있는 문장가란 겨우 한두 명 나올까 말까이다. 명작의 탄생이 그렇게 멀고 아득한 일이긴 해도, 열린 시대정신과 발군의 개인이 만나 문학이 오늘날의 위기를 극복하고 재기에 성공할 수 있으리라는 기대는 문촌 선생에게 확실히 희망적인 메시지였다. 그는 이제 자포자기의 심정에서 벗어나 끈기 있게 누군가의 도전을 기다리기로 마음먹는다. 그러는 가운데 문촌 선생 자신이야말로 어느 날 불현듯 불꽃같은 영감에 휩싸여 불멸의 작품을 잉태하게 될지도 모른다.

흰 명주천에 대한 기억

공항에 내려 숙소로 향하는 버스에 오르자, 인솔자가 여행객들에게 일일이 하얀색의 긴 천을 목에 걸어준다. 티베트 땅에 막 발을 디딘 낯선 이방인에게 건네는 첫 번째 환대다. 언어가 미처 담아내지 못하는 다정함을 스카프 같은 얇은 천이 듬뿍 대신한다. 신체가 직접 닿는 서양의 악수나 상대와 멀찍하게 거리를 두는 우리의 절에 비해, 천이라는 소품이 등장하는 티베트인 특유의 인사법은 닿을 듯 말 듯 은근한 정취가 있다. '나는 당신에게 호의를 가지고 있으며, 또한 당신의 호의를 바랍니다.'라는 의미가 무척 설득력 있게 다가온다.

불현듯, 자상하게 옷깃을 여며주던 어떤 이의 손길이 생각난다. 추억의 저장고 뒷전에서 먼지가 뽀얗던 기억 한 자락이 하얀 천위로 살며시 드리워진다. 천을 가만히 쥐어 본다. 가슴

속 파장이 자그맣게 동심원 서너 개를 그린다. 무엇인가 내가 귀 기울여 들어야만 할 말이 있는 것 같다. 이윽고 버스가 출발한다.

"방금 여러분 목에 걸어드린 것은 여게 말로 '하다'라고 합네다."

조선족 처녀 안내원은 하다에 대한 설명으로 운을 뗀다. 아주 오래 전에는 이 높은 고산지대가 바다 속 깊이 잠겨 있었다는 설명을 들으며, 차창에 스치는 초록색 융단이 펼쳐진 산악의 정경을 눈인사로 맞을 때, 스르르 미끄러지는 하다의 감촉이 손가락 사이로 산뜻하다.

사원에서 사람들은 부처님 전에 하다를 던지며 종교적 기원을 담는다. 자기 집에 들른 손님에게는 환영한다는 의미로, 또는 축하할 일이 있거나 행운을 빌어줄 때도 상대에게 하다를 걸어준다. 하다를 받게 되면 걸어 준 사람의 친절에 대한 답으로 한동안은 그대로 걸고 있는 것이 예의다. 또한 물건도 귀한 것이라고 여길 때면 하다로 묶어 놓는다. 그야말로 부처님도 걸고 사람도 걸고 물건도 거니 두루두루 안 쓰이는 데가 없이 성역과 속세를 아우른다. 우리말의 '-하다'가 각종 행위를 포괄하듯이 티베트의 하다도 그들의 생활 속에서 아주 많은 것을 담아낸다. 주황색이나 노란색 등 다양한 색상의 하다가 있긴 하지만 그래도 흰 색이 가장 흔하다. 예전에는 비단으로 만들었겠고 한 시절 전이라면 인조견으로라도 만들었을지 모르지만, 지금의 이것은 화학섬유에 불과하다. 어쨌거나 맑고 차가운 대기 속에서 천은 가볍고 부드럽게 목에 감긴다.

티베트의 수도인 라사로 가는 길에, 야루짱부강을 건너 작은 사원에 들렀다. 절벽의 마애불은 채색단장이 화려하다. 색조는 우리의 오방색을 떠올리게 하지만 흰색이 많이 섞여 채도가 낮은 파스텔 톤이 부드러우면서도 화사하다. 그 부처님 상을 향해 기원을 담아 목에 걸고 있던 하다를 던지는 것이다. 그런데 나는 아직 그 천을 떠나보내기 싫었다.

저녁에 여장을 풀며 하다를 차곡차곡 접는데 다시 마음에 찰랑 파장이 일었다. 왜 그 아주머니가 생각났을까. 하다를 걸어주는 동작에서 옷깃을 여며주던 손길이 연상되어서였을까. 생각을 더듬다가 낮게 입속말을 했다.

"아, 그 명주."

신혼여행에서 돌아온 날 친정어머니가 곱게 접은 천을 꺼내놓으며 말씀하셨다.

"이거 너희 할머니께서 직접 누에쳐서 실 뽑아 짜신 명주야. 그런데 염색 안 된 흰 천이라 딱히 할 수 있는 게 없어서 그냥 가지고 있었거든. 네가 폐백 올릴 때 쓰면 안성맞춤일 것 같다."

할머니가 시어머니로서, 며느리인 친정어머니에게 자신이 가장 아끼던 것을 주셨을 것이다. 오래전에 받아서 보관해 오신 것이라고 했다. 눈처럼 흰 명주 한 감을 펼쳐놓으니 두둥실 뭉게구름 같았다. 매끈한 광택의 천은 바느질도 안 간 것이었으므로 나는 내 몸에 이리저리 둘러보며 천의무봉이라는 말을 떠올렸다.

맏아들인 나의 남편에 대한 꿈과 기대는 아들의 결혼식에까지 이어져 시어머니는 이것저것 챙기는 게 많았는데, 무엇보다 크게 마음을 쓴 일은 폐백이었다. 폐백만은 당신의 집 대청마루에서 고향인 평안도 식으로 받아야겠다고 작정하고 계셨다. 그래서 결혼식 후에 신혼여행에서 돌아와 친정에서 하룻밤을 묵고, 그 이튿날 시댁으로 가서 폐백을 올렸다.

폐백 드리는 날에 새색시가 입었던 녹의홍상綠衣紅裳은 함에 들었던 원단으로 마련하였지만, 빌려 입은 원삼족두리의 신부 대례복은 그다지 훌륭한 것은 아니었다. 그렇지만 한삼 위에 두르고 있다가 시어른들에게 큰 절을 올린 후, 던져주는 밤 대추를 받을 때 넓게 펼쳐들던 할머니의 흰 명주 천만은 당연히 아주 각별한 것이었다.

쪽진 머리에 비녀 꽂은 얌전한 차림새로 높이 고인 방석 위에 다소곳이 앉아 있는데 양쪽 어머니와 두루 친한 아주머니가 내내 옆에 앉아서 등도 쓰다듬고 옷고름도 고쳐 매만져 주며 하염없이 지켜보고 계셨다. 양가가 한 동네서 살던 사이에 사돈이 맺어진 연유로 둘러선 하객이 거의 나를 어린 시절부터 보아온 사람들이었다. 그 아주머니도 그 중의 한 분이어서 '어리던 것이 어느새 자라 시집을 가는구나.'라고 생각하며 감회가 새로워서 그런 줄 알았다.

그런데 후에 들으니 나를 자신의 며느리로 삼고 싶은 나머지 이모저모 궁리가 많았다고 한다. 그 와중에 양가 어머니들에게 눈총도 어지간히 받았고 티격태격도 있었다는데 남편도 대충 알고 있던 일을 나만 새까맣게 몰랐다. 그 이야기를 나중에 듣고 나는 어이도 없고 이해도 안 되었다. 이미 딴 사람과의 혼사가 진행 중인 사람을 며느리로 삼을 생각이 과연 어떻게 들 수 있는지, 아무튼 그러니 나를 보는 눈길이 예사롭지가 않았을 것이다. 이 아이가 내 며느리가 될 수도 있었을 텐데, 내 며느리가 되었더라면 좋았을 걸, 속으로 생각하며 옆에서 이렇게 쓰다듬고 저렇게 보살펴 주셨구나, 나는 나중에 실소를 머금으면서도 그 마음을 되짚어 보았다.

아주머니의 마음이 아무리 애틋하였기로 영문을 몰랐던 나로서 가슴에 그리 깊이 각인될 리 없었다. 그렇지만 정작 소중히 간직했어야 할 명주천은 그만 살다가 무심중에 어디론가 사라져 버렸다. 가끔 살풀이춤을 볼 때면 옥색 치마저고리를 휘감는 흰 수건에서 예전의 명주를 떠올리며 '도대체 그 천이 어디로 사라졌을까.' 하며 잠깐씩 애석해 하였다. 그런데 오늘 하다가 목에 걸릴 때 그 아주머니가 나의 원삼 깃을 이리저리 여며주던 모습이 떠올랐던 것은 명주 천에 대한 기억이 하다에 겹쳐진 때문인가 본데, 왜 명주 천보다 먼저 아주머니의 손길이 생각났는지 모를 일이다. 이국에서의 예민해진 감수성은 때로 마술처럼, 스쳐지나간 한 조각의 기억도 소중한 추억으로 되새겨주기도 하나보다.

라사의 사람들은 사원에 들러 의식을 행하는 것으로 그날의 아침을 연다. 자길사라고 불리는 이곳은 성역인 포탈라궁이나 조캉사원과는 달리 이 지역의 밑바닥 정서가 농밀하게 배어 있는 서민 신앙처다. 길게 줄지어선 사람들은 모두 손에 손에 술과 향을 들고 있다. 술 냄새와 향내가 코를 찌른다. 향초다발을 통째로 사원 앞마당의 화로에 던지는 모습은 우리와 사뭇 달라서 대륙적이라고 할까 무모해 보이기도 한다. 사람들은 궁의 안마당 곳곳에서 공손히 오체투지五體投地를 하고, 산더미 같은 빈병들 사이로 흘러내린 술이 흥건한 바닥을 딛고 사원 입구에 선다. 제단에 술을 바친 사람들은 이제 시주함 옆에 수북하게 쌓인 하다를 하나씩 빼어들고 수많은 부처와 보살이 모셔진, 미로 같이 좁고 컴컴한 사원 내부로 걸음을 옮긴다. 그들은 입구에서 가져온 하다를 어느 한 군데에 바친다. 이 어둡고 좁은 속에서도 부처는 하다에 둘러싸여 구름 위에 가볍게 정좌한 듯 편안한 모습이다. 법문을 외는 승려도 하다 더미에 파묻혀 속세를 멀리하여 생불의 모습일 듯도 하건만, 사원 안 여기저기 중생들이 바친 지전더미에는 고해를 헤쳐 가는 군상들이 품은 가녀린 그러나 강렬한 현세적 욕망의 자취가 적나라하다.

라사에서 시가체로 가는 길은 고지대답게 한결 같이 민둥산이다. 노란색 유채화가 색감을 돋우는 드넓은 초지도 좋지만, 나는 특히 텅 빈 들판에 잡풀이 무성하고 크고 작은 나무들이 듬성한 황무지가 좋다. 강가의 산 표면은 스미지 못하고 흐르는 빗줄기 때문에 깊이 팬 물길을 드러내고 있다. 세로로 새겨진 주름살 같다. 가다보면 이 주름살을 타고 간간히 폭포처럼 흘러내리는 가느다란 물줄기를 만난다. 햇빛을 받아 반짝이는 희고 가는 물줄기는 하다와 살풀이춤의 흰 수건과 잃어버린 명주 천을 두루두루 닮았다.

"당신은 과연 누구십니까?"

"나는 내 전생의 환생일 뿐이오."

한 한국인 철학자와 살아 있는 관세음보살이라는 달라이 라마와의 문답이다. 신으로 추앙 받는 그는 과연 어떤 전생들을 거쳤으며, 가파른 등성이에 매달리듯 모여 있어 드문드문 독특한 풍광을 연출하고 있는 저 양떼들의 전생은 또한 무엇이었을까.

윤회와 환생의 땅, 8천만 년 전에는 바다 깊숙이 누워 있던 땅, 4백만 년 전에 바다가 융기하면서 히말라야로 솟아난 땅, 그래서 지금도 그 시절의 모래와 자갈과 조개껍질의 퇴적을 고스란히 드러내고 있는 곳. 그러나 지금은 깊숙한 내륙, 바다는 멀고 오히려 하늘에 맞닿아 있는 이곳 티베트 땅에서 나는 자연도 윤회하는구나 하고 느꼈는데, 이 하다도 명주 천의 환생으로 내 손에 잡혀 있는 게 아닌가 생각되었다. 그러니까 내가 들어야했던 것은 그 명주 천에 대한 안부였나 보다. 예전에 명주를 지녔을 때의 나와, 삼십 년을 지나 하다를 걸친 지금의 나는 얼마나 다를까. 아니, 얼마나 달라지지 않았을까. 이곳에서 잠시 그 세월을 건너뛰는 동안 할머니의 명주는 성심의 애정을, 아주머니의 손길은 연연한 애착을, 살풀이춤의 수건을 닮은 하다는 스치는 인연의 애상을 선연한 이정표로 내게 남겨 주었다.

    티베트 땅에 작별을 고하고 떠나올 때, 비행기에서 내려다본 만년설을 인 산봉우리들은 하얀 구름의 바다 위에 우뚝우뚝 솟은 장관이었다. 온 시야를 덮은 구름 떼는 어느새 수북이 쌓인 하다의 모습과 오버랩 되고 있었다. 그 하다의 더미 속에 나의 잃어버린 명주 한 가닥이 언뜻 스쳐지나간 듯하였다.

귀여운 여인

"얘, 그래서 수박이 안 익었으면 안 사려구? 수박장사는 그럼 그 수박을 버리니? 그러지 마. 그냥 골라서 하나 사고 말어. 조금 안 익었으면 설탕 넣고 화채 하면 되잖아."

길거리 수박행상 리어카 앞이었다. 세모꼴로 칼집을 내어 속살을 보자는 나를 엄마가 야단쳤다.

"아니 나는 그냥 남들 다 그렇게 하길래. 에이, 나만 나쁜 사람 됐네."

내가 웃으며 말했다. 행상도 푸근해져서 요새 수박은 다 달아요 하며 따라 웃었다.

지금 팔순인 엄마는 예나 지금이나 늘 그런 식이다. 참외가 달면 달아서 맛있다고 하고, 오이같이 당도가 전혀 없으면 싱싱해서 좋다고 한다. 하얀 피부에 갈색 눈동자로 어렸을 때는 러시아 혼혈이라는 놀림도 많이 받았다고 한다. 그렇지만 성격은 여성스러운 외모와는 달리 자잘한 일상사에 애면글면하는 일이 별로 없이 대범하고 상당히 호탕하다. 함경도 산악인의 기질이랄까.

연탄을 때던 시절이었다. 추워지려면 멀었건만 부지런한 연탄장수가 가가호호 방문하여 판촉활동을 벌이며 대문 밖에서 소리쳤다.

"연탄 들여놓으세요. 며칠 있으면 올라요."

"오르면 오른 값에 살게요. 쓸데없이 사재기 하니까 가수요가 붙어서 더 가격이 오르잖아요."

엄마는 문도 안 열어보고, 집안에서 대꾸했다.

유식하다거나 멋쟁이라는 소리 들으면 제일 좋아하던 젊은 시절의 엄마는 이악스럽게 실리를 추구하는 실속파라거나 콩나물 값 아끼며 한 푼을 절약하는 알뜰한 살림꾼은 아니었다. 무엇이든 세련된 것 좋아하고 옷이고 가구고 유행에 뒤지는 것은 못 참았다. 조금이라도 구지레한 것은 딱 질색이고, 남 앞에서 초라하거나 약한 모습을 보이는 것을 아주 싫어했다. 으레 개봉영화는 다 봐야만했고, 여행을 좋아하여 우리나라 명산 중에 못 가본 곳을 꼽으며 후일을 기약하곤 했다.

그런가 하면 동대문시장 바닥에 쭈그리고 앉아서 팥죽 사먹으며 좌판 아줌마들과 이런저런 얘기 나누는 것도 즐겼다. 인색하지 않고 인정이 넘쳐서 불쌍한 사람들 보면 그냥 못 지나

갈 뿐더러 아기 업은 걸인 여자에게 성큼 만원을 쥐어주어야 속이 편했다. 감정이 풍부해서 툭하면 드라마 보다가 그렇게도 눈물을 뚝뚝 잘 떨구는 엄마는 스스로 명석하다면서도 약한 마음 탓에 사람들에게 잘도 속아 넘어가곤 했다.

부모님의 결혼생활 초기는 한국동란의 와중이었다. 아홉 남매의 셋째 아들이었음에도 부모부양에 형제들 뒷바라지 등 집안의 대소사가 모두 아버지 어깨에 걸려있었다. 깨진 독에 물 붓기라며 불평하는 엄마에게 아버지는 당신의 생각을 말했다.

"나도 내 삶이 버겁다. 힘에 부친다. 이는 마치 크고 작은 돌멩이를 잔뜩 지고 산에 오르는 일이다. 때론 나도 다 팽개치고 물병 하나만 들고 홀가분하게 산을 오르고 싶다. 그러면 정상에 서기도 쉬울 것이다. 그러나 나는 그렇게 할 수가 없다. 오르다가 힘들어 중턱에 머물지라도 이 돌멩이들을 무겁다고 내려놓을 수가 없다. 그냥 지고 가야지."

모질지 못한 엄마는 결국은 아버지의 뜻을 따랐으며, 아버지가 친척들을 돌본 덕분에 엄마는 왕비마마의 위상을 톡톡히 누리고 살 수 있었다.

암산 능력이 뛰어나 별명이 B-29였다는 것이 자랑인 엄마는 그 능력을 명석한 판단력으로 환치시켜 자신의 판단에 대한 오류를 인정하기 싫어하였다. 자수성가한 사람답게 고집 센 군림형이었던 아버지는 그런 엄마를 누르려고 하고, 자부심 강한 엄마는 지기 싫어하는 성격으로 두 분은 늘 티격태격 다투고 살았다. 그래도 애교가 많고 밝은 성격에 〈그 집 앞〉이나 〈바위고개〉를 어여쁜 하이소프라노로 잘 부르던 엄마를 아버지는 꽤 사랑스러워 했다. 세상 변화에 대해 적극적이어서 전형적인 얼리어답터(Early Adopter)였으며 이벤트를 좋아하는 아버지와 멋 부리기 좋아하는 엄마는 현실에서 취할 수 있는 한 향락을 추구한다는 면에서 서로 잘 맞았다. 아버지가 돌아가신 후 엄마는 특유의 장기를 발휘하여 아버지와 싸우고 산 세월은 기억에서 싹 지웠다.

"애네들은, 우리가 언제 뭘 얼마나 싸웠다고 그러니?"

엄마는 정말이지 뭐든 나쁜 일이나 자신에게 불리한 일, 다시 기억하고 싶지 않은 일은 옆에서 보기에 신기할 정도로 재빨리 잊는 재주가 있다. 이러한 엄마의 뛰어난 도피에 의한 현실적응 능력에는 부침이 심했던 인생역정을 겪으며 운명의 불가항력에 손을 들어버린 허무주의가 있다. 태생의 낙천적 기질에 덧붙여진 허무주의로 엄마는 이렇게 비현실적이면서도 현실적이다. 전쟁 때문에 달라져버린 운명, 이것을 귀여운 여인, 우리 엄마는 이렇게 해석한다. "여자는 그저 팔자가 좋아야 돼. 공부 잘 하는 거, 얼굴 예쁜 거 다 소용없어. 남편 복이 최고야." 덕분에 우리 자매는 자라면서 공부하라는 다그침은 별로 못 듣고 컸다.

그런 허무주의를 바탕으로 목숨에 연연하지 않은 초탈함이 었을까. "내 아버지와 내 오라버니도 일찍 돌아가셨으니, 내가 이렇게 병약해서 골골하니, 그리고 점쟁이도 그랬으니 나는 아마 사십을 넘지 못할 거야." 입버릇처럼 말하던 엄마는 드디어 내가 초등학교 오학년이 되자 나에게 막내를 부탁했다. "너는 이제 다 컸는데 아직 어린 막내가 걱정이야." 나는 그즈음에 꿈에 이가 빠지면 부모가 죽는다는 말을 들었다. 맨날 이가 빠지는 꿈을 꾸었다. 엄마는 자신이 죽을까봐, 나는 엄마가 죽을까봐 걱정인 가운데 엄마는 태연하고 나만 내색도 못하면서 속으로만 전전긍긍했던 시간들이 새삼 억울하다. 그때부터 아마 엄마란 못 믿을 존재라고 생각했었나 보다. 그래서 나는 애어른이 되어갔고 때로 어린아이 같이 보이던 엄마는 툭하면 '네가 엄마 해라.', 그런 말을 내게 하곤 했다. 막내가 대학에 들어갔을 때도 엄마는 내게 막내를 부탁했다. "이제 죽어도 여한이 없는데 막내가 어려서."

언젠가 통일이 되면 엄마가 죽어 없더라도 꼭 외가를 찾아보라고 하면서 이북에 두고 온 고향 얘기를 실감나게 잘 했다. '우리 엄마는', '우리 언니는'하면서 생생하고 자세하게 고향 얘기를 들려주곤 했다. 언젠가 친구들에게 엄마 얘기를 옮기며 '우리 엄마의 언니는'하니까 친구들이 "엄마의 언니? 그러면 이모 아니야?"했다. 나는 새삼 깨달아 '아, 그렇구나.' 하면서도 외할머니, 이모, 외삼촌 같은 호칭은 낯이 설었다. 엄마는 비애감도 없이 명랑하게 말하곤 한다.

"이북에서 태어나 남으로 피난 내려온 것도 모자라 늘그막에 이민으로 미국까지 날아갔으니 내 역마살도 어지간해. 그렇게 떠돌아다닌 것도 성에 안 차는지 나는 죽어서 다시 태어난다면 새가 되고 싶어. 여기저기 훨훨 마음대로 날아다니게."

엄마에게는 학구적인 면을 물려받은 딸, 풍부한 인정과 감수성을 물려받은 딸, 운동과 음악적 재능을 물려받은 딸이 있다. 생활에 필요한 냉장고는 고물을 그대로 쓰고, 냉장고 가격의 카펫을 먼저 사들이는 나도 엄마의 유전자를 물려받았다.

엄마의 여러 가지 면을 골고루 나눠가진 딸들은 미국에 있는 엄마와는 전화로 안부를 물으며 한 달에 한 번 꼴로 만나는데 항상 손에 책이 들려있다. 그러한 네 자매의 모습 뒤에는 낭만과 멋을 사랑했던 아버지, 남다른 미의식을 지니고 정서가 풍부한 엄마가 있다.

격세유전이란 말이 맞는지, 나의 딸은 외할머니의 기질을 많이 닮았다. 그래서 외할머니 같은 사람이 엄마였으면 얼마나 좋을까 한다. 나는 의지처가 되는 엄마를 원했는데, 딸은 다정한 엄마를 원하는가 보다. 이래저래 세상은 마음대로 되는 게 아닌 것 같다.

임진년, 신립을 애도함

 신자유주의라는 실패한 실험의 뒤치다꺼리로 세계 경제가 동력을 잃고 갈 바를 몰라 하는 가운데, 미국이라는 초강대국의 위상이 흔들리고 유럽 전역과 일본이 휘청거린다. 한편 중국과 러시아의 동태는 심상치 않게 한반도의 주변을 압박한다. 무엇을 믿고 무엇에 기댈 것인가. 미래에 대한 전망은 짙은 안개에 잠긴 듯 막연하여, 사회 저변에 무기력한 불안감이 낮게 드리워지고 있다.
 시절은 강렬한 리더십을 갈망한다. 영웅대망론은 언제나 위기에 찾아온다. 흔히들 영웅의 시대가 막을 내렸다고 한다. 그래도 어둠에 갇힌 미궁 속의 백성을 햇살 가득한 초원으로 앞장서서 이끌어줄 초인이 홀연히 백마 타고 등장할 것이라는 한 가닥의 희망을 저버릴 수가 없다.

남한강을 거쳐 탄금대를 지나 문경새재를 넘는다. 탄탄대로로 닦인 조령관, 조곡관, 주흘관의 세 관문을 통과하면서 420년 전, 임진년에 이곳을 짓밟고 지나갔을 왜적의 모습을 떠올린다. 난리통에 죽어간 백성들과 전후의 처참한 상황, 그리고 살아남은 자들의 비통함이 생생하다. 우왕좌왕 피난을 가고 생활의 기반은 무너지고…. 와중에도 벼는 자랐을 것이고 살아남은 자들은 집으로 돌아와 가족을 잃은 슬픔을 뒤로 하고 먹고살기 위해 추수를 했을 것이다. 예나 지금이나 민초들은 뭐가 뭔지도 모르면서 속절없이 당하기만 해왔다.

그 와중에 몰락한 장수 신립을 생각한다. 나는 그에게 물었다. 역사란 우리에게 무엇입니까? 그는 되물었다. 그대들이여, 아직도 나의 실패를 거울삼지 못하는가?

〈임진왜란이 일어나자 조선의 무장 신립(申砬 1546-1592)은 한성부 판윤 겸 삼도도순변사漢城府判尹兼三道都巡邊使가 되어 적과 대결하였다. 충주의 달천을 뒤에 두고 탄금대彈琴臺에서 배수진을 쳤으나 완패하고 강물에 투신하였다. 왜적은 기세를 몰아 단숨에 한성으로 진격하였다. 훗날에 조정은 신립 장군에게 영의정을 추증追贈하고 충장忠壯이라고 시호를 내렸다.〉

패배한 장수에 대한 기술이니 이렇게 요약될 수도 있겠다. 역사란 언제나 승자를 중심으로 엮어지게 마련이 아니겠는가. 그러나 나는 오늘 패장敗將의 모습을 되새기며 곰곰 신립이 처했던 현실을 생각하매 암담함 속에서 돌파구를 찾으려는 그의 안간힘을 본다.

임진년(1592년, 선조25년) 4월14일, 왜장 고니시 유키나가[小西行長]는 제1진 17,000여명을 태운 범선 수백 척을 앞세워 부산포에 상륙하였다. 7년간의 전쟁이 시작된 것이다. 순식간에 동래성(부산)이 함락되고 적군이 물밀듯이 북상했다. 조정에서는 긴급대책으로 신립장군으로 하여금 왜군을 막게 했다. 선조는 그에게 상방검(尙方劍)을 하사하며 적을 물리쳐줄 것을 당부하였다. 장군이 8,000여 명의 병력을 끌어 모아 26일 충주에 진영을 설치했을 때 고니시 군대는 이미 조령 남쪽의 문경에 도착해 있었다.

부하 이일, 김여물, 이종장 등은 다 같이 문경의 험한 지형지물을 이용하여 매복전을 펼치든가 아예 물러나 한성을 지키자고 하였다. 그러나 지휘관인 신립은 이들의 의견을 받아들이지 않았다. 결국 충주 탄금대에서 200여 기병을 중심으로 배수진을 치고 전면전을 벌이게 되었다. 양력으로 6월, 장마철이었으며 이날 탄금대에는 기병에게 절대적으로 불리한 소나기가 쏟아졌다는 설이 있다. 수적으로도 열세였지만 지형적으로도 불리하였고 기후마저 도와주지 않았다.

4월 28일 탄금대 전투에서 병사 8,000의 조선은 17,000병사의 일본군에 의해 궤멸되었다. 전투 종반에 이르자 신립의 군사는 수백 명에 불과했다. 신립이 부하 김여물에게 물었다.

"살고자 하는가?" 김여물이 답했다. "내 어찌 살고자 하겠소." 두 사람은 마지막까지 힘을 다하여 왜적 수십 명을 더 쓰러뜨린 뒤에 북쪽을 향해 절을 올리고 함께 강물에 뛰어들어 최후를 맞았다. 이로 인해 한성으로 가는 길이 뻥 뚫렸다. 침략을 당한지 16일 만인 4월30일 새벽, 일사천리로 올라오는 왜군을 피해 선조는 도성을 버리고 급히 북쪽으로 몽진을 떠났다. 일행이 100명도 채 안 되는 초라한 행장이었다.

쓰라린 패배였다. 그의 작전실패를 훗날 많은 사람들이 비난했다. 전략에서의 판단력 부족과 기병으로서의 과도한 자만심을 지적했다. 새재에 틀림없이 있으리라고 짐작한 매복병이 없다는 것을 알고 왜군이 춤을 추며 지나갔다는 것이다. 그는 과연 천연의 매복지 문경에서 승부를 보았어야 했을까? 그랬더라면 파죽지세의 일본을 다소간 저지할 수 있었을까? 당시 조선을 대표하는 최고의 명장이었던 그가 문경의 전략적 이점을 몰랐을 리가 없다. 그러나 험난한 지형을 이용해 매복전을 펼치려면 훈련된 정예의 군대가 필수요건이다. 당시 조선군은 전력에서도 심리전에서도 형편없는 열세였다. 신립이 믿을 수 있던 정예 병력은 고작 기병 200명이었을 뿐, 나머지 병사들이라야 대부분 농사짓다가 끌려온 오합지졸의 형편이었다. 왜군을 겁내어 우거진 수풀을 틈타 군에서 이탈하는 병졸들이 속출하는 판에 매복전은 가당치 않았다. 그러므로 사방이 훤히 보이는 강변에 배수의 진을 쳐서 도망칠 기회만 엿보는 병사들의 퇴로를 단속하고 전열을 가다듬으려했다. 달리 선택의 여지가 없다는 판단에 따른 고육지책이었으리라.

신립의 엄청난 고민을 생각한다. 그에 대한 비난 앞에 그의 편에 서서 생각하자니 억울한 심정이 몰려온다. 조총이라는 새로운 무기로 무장한 적군 앞에서 화살을 앞세운 기병의 기세만을 호령해야 했던 고독한 장수, 그가 무엇을 할 수 있었겠는가. 무사안일 속에서 사화와 당쟁으로 지새운 중앙의 정치로 말미암아 나라와 백성을 지키지 못한 왕조가 속수무책으로 당한 환란 앞에서 이것이 어찌 신립 장군만의 책임이었겠는가. 아무 힘도 쓸 수 없는 상황을 만들어낸 무능하기 짝이 없는 국가를 위해 그는 목숨을 바쳤다.

당시 그는 두만강 건너의 여진을 소탕하고 개선하여 함경북도 병마절도사에 올랐던 탁월한 무장이었다. 나라가 탄탄했더라면 그는 그토록 무거운 짐을 홀로 지고 탄금대의 절벽에서 투신하는 일은 없었을 것이다. 오히려 슬기롭게 헤쳐서 무공을 펼칠 수도 있었을 것이다. 권력을 쥔 자의 역량에 따라 나라의 명운이 갈리고, 나라의 선택에 따라 개인의 운명이 갈린다. 신립의 경우에는 나라의 무능 앞에 개인의 힘의 한계를 보여준다. 그를 비난하는 것은 국가에 대해 신립 개인의 의무를 묻는 일이다. 그렇다면 거꾸로 개인에 대해 국가는 무엇인가. 한 개인이 영웅이 되고 말고는 그 자신의 역량만의 문제는 아닐 것이다. 결국 나라가 그의 어깨에 지운 짐은 과도하고 부당한 것이었다.

이천의 기치미고개와 넋고개에 얽힌 이야기 속에 그의 최후가 안쓰럽다. 부하들이 신립 장군의 시신을 서울로 옮기는 도중 "장군님" 하고 부르면 관 속에서 "오냐" 하고 대답하는 소리가 나곤 했다. 이천의 기치미고개에 이르러 또 "장군님" 하고 부르니까 대답 대신 "에헴" 하는 기침 소리가 났다. 넋고개에 이르러 또다시 "장군님" 하고 부르니까 그때는 아무런 소리도 들리지 않았다. 그때부터 사람들이 신립 장군의 넋이 기침을 한 고개라 해 기치미고개, 장군의 넋이 아주 떠난 고개라 하여 넋고개라고 부르게 되었다. 광주에 다다랐을 때는 관이 땅에 달라붙어 움직이지 않아 그 자리에 묘를 썼다고 한다. 아마도 그의 처지를 동정하는 민심 때문에 이런저런 전설이 생겨났으리라.

훗날 징비록懲毖錄에서 유성룡(柳成龍 1542~1607)은 일본의 만행을 규탄하기보다는 우유부단한 조선 국왕의 모습을 지적하고 지배층의 무능과 위선, 부패와 무책임을 가차 없이 질책했다. 건조한 필체로 담담하게 적어 놓은 민중의 참상은 그래서 더욱 비참한 실상을 가감 없이 들려준다. 모두가 **뼈아픈 과거를 교훈 삼아 후세를 경계하려는 독한 지성의 발로**라고 할 수 있다.

난세에 영웅이 나기도 하고 난세는 영웅을 죽이기도 한다. 영웅의 삶도 민초의 삶도 다 소중하다. 그렇지만 영웅을 위한 백성이 아니라 백성을 위한 영웅, 군림하지 않는 영웅을 꿈꾼다. 지금이 아무리 위기라 한들 국토가 유린당하는 수모, 무슨 일을 당하는지도 모르는 채로 모질게 당하기만 했던 백성들의 고초에 견줄 것인가.

지독한 아픔과 고독 속에 이승을 작별했을 신립 장군의 넋에게 문경새재 높은 마루에서 하늘을 우러러 부탁을 드린다. 한반도의 평화와 안녕을 위하여 강렬하고 명쾌한 이상을 지니고 21세기를 멋지게 펼쳐나갈 지도자 한 명 보내달라고, 그래서 새로운 역사의 장을 열게 해달라고. 그래야만 그가 함께 데려간 수천의 죄 없는 백성의 원혼도 만분지일이나마 한을 풀 것이 아니겠는가.

네거티브 인생독법 人生讀法

 의사들은 여러 가지의 방법을 써서 환자의 병을 고친다. 주사를 놓거나 약을 복용케 하는 것은 환자의 몸속에 무언가를 더하는 치료법인 반면에 수술로 병변부위를 제거한다든가, 침을 놓거나 부항을 붙이는 등의 방법은 몸에서 무언가를 빼내는 것이라고 할 수 있다. 이럴 때 더하는 치료법은 포지티브요법이고 빼내는 것은 네거티브요법이라고 한다고 들었다. 나의 막연한 느낌으로는 더하는 것보다는 덜어내며 하는 치료가 더 윗길로 보인다. 위의 경우에서는 빼기의 뜻으로 쓰인 네거티브는 대체로 음성적, 부정적, 소극적이라는 뜻을 지니며 태극의 음양에서 음을 나타내기도 한다.
 이는 흔히 사람의 성격이나 태도를 유형별로 나누는 데도 적용되곤 한다. 적극적인 추진력으로 안 되는 것도 되게 만들려는 자세를 긍정적 태도로 보고, 그 반대의 경우로서 사안의 이면에 관심을 두고 이런저런 안 되었을 때를 지레 염려하는 자세는 부정적 태도로 여긴다. 나로 말할 것 같으면 생각이 행동보다 무성하여 우유부단한 성격이니 네거티브 형에 가깝다.

어느 날, 잘 다듬어진 고궁의 경내를 한가롭게 거닐고 있을 때 동생이 말했다.

"옛날에 태어나 공주로 살았더라면 좋았을 걸."

"옛날에 태어나 하녀로 평생을 살았을 수도 있잖아. 평생 궂은일에 파묻혀서 번한 날 하루도 없었을 텐데. 지금 태어나길 다행이지."

동생의 포지티브 사고방식에 대한 나의 네거티브 대응방식인데 동생은 그런 나에게 궁상스럽다고 짜증을 냈다. 어차피 그냥 한 번 해보는 생각인데 단순하게 즐거운 공상에 잠시 잠겨보는 게 어때서 꼭 그렇게 토를 달아야 하겠느냐는 핀잔이었다. 하여튼 매사에 좋은 방향으로만 생각을 몰고 가지 못하는 내가 나도 딱하다. 긍정적인 자세로 인생의 목표를 뚜렷이 하여 소신껏 일로매진해야 바람직한 진일보가 이루어질 텐데, 나는 항상 안 되는 경우부터 먼저 떠올리거나 못 할 핑계거리나 찾고 있으니 이는 그다지 발전적인 생활태도는 아닌 것 같다.

그렇다고 내가 딱히 모든 일에 비관적이라거나 패배주의에 사로잡혀있는 것은 아니다. 오히려 상당히 낙천적이다. 성취

욕구가 강하고 희망을 붙잡으려는 사람들은 의외로 근심과 걱정이 많다. 무슨 일이 이루어지기를 간절히 바라는 나머지 '-않으면 어쩌나'하고 조급해 한다. 반면에 나는 '-이길 다행이다'에 마음의 무게 중심을 두는 편이다. 어떤 일에든 기대치를 최소한으로 해놓으면서 나아가 가장 최악의 사태를 상정해 놓으면 여간해서는 깊이 실망하지 않게 되므로 비교적 매사에 느긋할 수 있다. 동생과의 대화도 뒤집어서 생각해 보면 옛날의 공주를 꿈꿔 오늘의 현실을 애석해 하는 것보다는 계급사회가 아닌 지금을 사는 것을 다행으로 여기는 나의 자세가 더 긍정적으로 된다. 이러한 내 마음의 행로에 대해 나는 스스로를 비관적 낙관주의자로 명명한다. 이 사고방식은 마음을 비워내는 헐렁함과 바라보고 비춰보는 관조와 성찰의 염念을 장점으로 지닌다고 할 수 있겠다.

그러니까 비관적 낙관주의란 부정을 통한 긍정, 자잘한 부정을 통한 커다란 긍정이라는 의미다. 부정에 부정을 더하면 긍정이 되고 큰 부정은 큰 긍정이라는 말도 있다. 또한 부정적인 것이 오히려 긍정적이고, 긍정적인 것이 오히려 부정적이라는 역설이나 반어법도 가능하다. 김소월은 〈먼 훗날〉에서 '오늘도 내일도 아니 잊고 먼 훗날 그때에 잊었노라'고 했는데, 이 말은 죽어도 못 잊겠다는 탄식에 다름 아니다. 살면서 오늘이 아닌 날은 영원히 오지 않을 것이기 때문이다. 죽어도 아니 눈물 흘리겠다는 〈진달래꽃〉에서의 다짐은 마음속 소리 없는 통곡에 대한 영탄이다.

인간이 깊은 원력을 지니게 되면 바라는 바가 순탄하게 이루어지고 때로 불가능해 보이는 일도 거뜬히 돌파구가 마련된다고 한다. 이렇게 종교적 심성에서 우러난 기원의 자세를 취하기 위해서는 자신의 영혼을 기탁할 절대적인 존재가 있어야 할 것이다. 그런데 어떤 대상에 나를 온전히 맡기기에는 나는 너무 의심이 많다. 그렇다고 세상의 불가항력이라든가 우주에 팽배한 알 수 없는 힘과 질서에 대한 외경심이 없는 것은 아니라서 이에 대하여는 범신론적 무신론이라는 말로 나의 종교관을 정리해 놓고 있다.

대체로 만사를 에누리해서 보는 나일지라도 때론 알 수 없이 마음이 풍선처럼 부풀어 오를 때도 있다. 그렇지만 부풀어 오른 마음이 그리 오래 지탱하지는 못하고 금세 꺼지는 것은 역시 열정이 모자란 탓이며, 확실히 내 안에는 시행착오를 두려워하는 비겁한 정서가 한 몫하고 있음에 틀림없다. 요모조모 재고 따진다는 것에는 완벽주의자다운 면도 없지 않으나 그 이면에는 자신이 없어서 도망 갈 구멍을 마련해 놓는 심사도 다분하다.

환상이나 심지어 망상까지도 생활의 윤기를 위하여 필요할진대 나는 어찌하여 허구 헌 날 이렇게 맨송맨송하기만 한 지. 내 앞에 근사한 일이 벌어지리라는 기대가 없다는 것은 퍽 시시한 노릇이긴 해도 마음이 천당과 지옥을 오락가락하는 기복은 좀체 없으니 그저 그를 다행이라 여긴다. 절망하지 않기 위하여 희망을 지니지 않는다는 내 삶의 궁색함이여.

■ 연보

1954년   강릉에서 출생하여 백 일만에 서울로 와서 성장. 아버지 서정언과 어머니 최채련 사이의 1남 4녀중 장녀
1973년   경기여자 중·고등학교 졸업
1976년   노광현과 결혼하여 대전에서 신혼을 보냄
1978년   딸 노수정 출생. 백일 지난 딸을 안고 미국행. 유학 중인 남편과 합류.
1982년   남편의 직장이 있는 대전 대덕연구단지로 귀국
1984년   남편이 숙명여자대학교의 화학과 교수로 재직하게 되어 서울로 이사
2001년   故정봉구 선생님의 추천으로 ≪계간수필≫ 여름호에 추천 완료
2002년   이후 다년간 정진권 선생님의 수필교실에서 수업
2003년   ≪선수필≫ 편집위원
2006년   한국문화예술위원회 우수도서 심사위원
2007년   첫 수필집 ≪일부러 길을 잃다≫(선인) 출간. 한국문화예술위원회의 우수도서로 선정됨
2007년   ≪선수필≫ 편집장
2008년   경기여자고등학교 동창회 〈영매상〉 수상

2010년　두 번째 수필집 ≪푸른 방≫(인디나인) 출간. 한국 문화예술위원회(아르코)의 문예진흥기금에서 창작지원금을 받아서 발간
2011년　≪선수필≫ 주간 (2014년까지)
2011년　〈한국산문 작가상〉 수상
2011년　4인 선집 ≪그는 비우고 그녀는 채우고≫(한경이라이프)
2012년　4인 선집 ≪말하는 잎새≫(한경이라이프, 우물마루)
2014년　4인 선집 ≪웃음을 깨물다≫(한경이라이프, 우물마루)
2014년　수필미학사 선집 ≪숨은 기억 찾기≫ 발간 '세종도서문학나눔' 선정도서
2016년　〈일신수필문학상〉 수상.
2016년　세 번째 수필집 ≪그래서, 너를 본다≫(북나비 출간)
2016년　현재 ≪수필미학≫ 편집장

현대수필가 100인선Ⅱ·**23**
서숙 수필선

슬픈 메트로폴리탄

초판 인쇄 2016년 9월 20일
초판 발행 2016년 9월 27일

지은이 서숙
펴낸이 서정환
펴낸곳 수필과비평사·좋은수필사
주소 서울시 종로구 삼일대로 32길 36(운현신화타워 빌딩) 305호
전화 02)3675-5635, 063)275-4000 팩스 063)274-3131
등록 제 300-2013-133호
이메일 sina321@hanmail.net essay321@hanmail.net

저작권자 ⓒ2016, 서숙
이 책의 저작권은 저자에게 있습니다. 서면에 의한 저자의 허락없이
내용의 일부를 인용하거나 발췌하는 것을 금합니다.

저자와 협의, 인지는 생략합니다
잘못된 책은 바꿔 드립니다

ISBN 979-11-5933-049-0 04810
ISBN 979-11-85796-15-4 (전100권)

값 7,000원

이 도서의 국립중앙도서관 출판예정도서목록(CIP)은 서지정보유통지원시스템 홈페이지
(http://seoji.nl.go.kr)와 국가자료공동목록시스템(http://www.nl.go.kr/kolisnet)에서
이용하실 수 있습니다.(CIP제어번호: CIP2016022724)